国家自然科学基金政策研究重点支持项目（71742001）研究成果

中国石油行业改革与监管体系研究

穆秀珍 王俊豪 ◎ 著

中国财经出版传媒集团
经济科学出版社
Economic Science Press

图书在版编目（CIP）数据

中国石油行业改革与监管体系研究/穆秀珍，王俊豪著.
—北京：经济科学出版社，2018.9
ISBN 978-7-5141-9792-1

Ⅰ.①中… Ⅱ.①穆… ②王… Ⅲ.①石油工业-经济体制改革-研究-中国 ②石油工业-监管体制-研究-中国 Ⅳ.①F426.22

中国版本图书馆 CIP 数据核字（2018）第 224410 号

责任编辑：凌　敏　程辛宁
责任校对：王肖楠
责任印制：李　鹏

中国石油行业改革与监管体系研究
穆秀珍　王俊豪　著
经济科学出版社出版、发行　新华书店经销
社址：北京市海淀区阜成路甲 28 号　邮编：100142
教材分社电话：010-88191343　发行部电话：010-88191522
网址：www.esp.com.cn
电子邮件：lingmin@esp.com.cn
天猫网店：经济科学出版社旗舰店
网址：http://jjkxcbs.tmall.com
北京密兴印刷有限公司印装
710×1000　16 开　13 印张　200000 字
2018 年 9 月第 1 版　2018 年 9 月第 1 次印刷
ISBN 978-7-5141-9792-1　定价：58.00 元
(图书出现印装问题，本社负责调换。电话：010-88191510)
(版权所有　侵权必究　打击盗版　举报热线：010-88191661
QQ：2242791300　营销中心电话：010-88191537
电子邮箱：dbts@esp.com.cn)

前　言

目前，我国石油行业生产效率还较低，其中一个重要原因是在石油行业实行纵向一体化的垄断运营模式，绝大部分石油资源仍掌握在具有市场垄断力量的三大国有石油公司手里，这就使该行业进入壁垒很高，存在较为严重的行政垄断。在我国能源行业市场化改革不断深化的背景下，该行业开始放松市场准入，允许一批新企业进入，同时推进以企业为主导的混合所有制改革。这必然对石油行业的政府监管带来挑战。因此，如何优化石油行业组织结构，对石油行业不同业务领域的市场准入、价格等实行分类监管政策，以更好地发挥市场在资源配置中起决定性作用和政府的高效率监管职能，这就成为一个急需研究的重要理论和现实问题。

本书紧密结合我国石油行业的实际，围绕石油行业的重大改革问题作深入而系统的研究，具有很强的针对性和现实意义。本书首先计算并比较了国内外主要石油企业的生产率，研究发现我国石油行业垄断性市场结构、政府监管低效率等因素是该行业生产率低下的重要原因。我国石油行业无论是整体还是具体业务领域，都存在相当程度的垄断性，不合理的垄断造成石油行业存在较大的效率损失，包括生产效率损失和社会福利净损失，而且研究发现，无论是生产效率损失还是社会福利净损失都存在逐年增加的趋势。为了减少效率损失，本书在结合我国石油行业技术经济特征的基础上，借鉴国外典型国家市场结构重组和政府监管的经验，提出并论证了我国石油行业市场结构重组、完善现有监管体系的基本思路和政策措施，以促进我国石油行业提高效率，实现高质量发展。

本书对我国石油行业市场结构重组和政府监管体系进行了积极探索，并努力在以下几个方面有所创新：

第一，运用产业组织理论的绝对集中度指标（CR_3）和HHI指标对我国石油行业组织的市场集中度作了定量分析。研究结果表明，我国石油行业属于高寡占市场，即寡头垄断市场。由于寡头垄断市场的存在，加上石油行业的制度性进入壁垒，导致了我国石油行业的固定资产投资不足，企业缺乏创新动力，营销策略落后。同时，在企业的财务上表现为石油企业利润率持续下降，企业资金效益与安全状况不佳，资产负债率上升趋势明显，偿债能力下降。

第二，定量比较分析了国内外主要石油企业生产效率，测算了我国石油企业效率损失。目前石油企业生产效率的测算成果较多，但从供给侧进行生产效率测算的文献较少，对国内外石油企业生产效率比较的文献则更为少见。考虑到石油产业的对外依存度越来越高，石油的国际贸易也越来越多，企业生产率的国际比较意义重大，更具说服力。为了避免各国统计口径的不同和汇率变化对石油企业生产率的影响，本书统一选取Osiris数据库中公布的企业数据，来源比较可靠，不存在统计口径问题。

第三，从法律法规、政府监管和监管绩效评价的角度分析了我国石油行业监管体制现状。分析表明，我国石油行业缺乏基本的法律法规、多头监管与监管缺位并存、缺乏监管绩效评价等问题比较突出，随着石油行业市场化改革和全球化进程的推进，政府监管的有效性问题将会更加凸显，这就要求加快石油行业监管体制改革。

第四，对典型国家石油行业组织与监管体系作了国际比较分析。本书对美国、挪威、巴西这三个典型国家的石油行业组织结构和监管体系作了较为系统的比较分析，得出的基本结论是：一是从世界的范围来看，各国石油行业都呈现出较强的垄断特性；二是石油行业的组织优化需要充分发挥市场和政府两只手的作用，二者缺一不可；三是石油行业的有效监管需要建立起完善的法律法规体系和高效的监管机构体系；四是政府对石油行业的参与和监管程度需要根据本国国情而定，没有一个固定模式；五是石油行业结构重组和有效监管需要顶层设计并有效实施。这些结论和基本经验值得我国借鉴。

第五，探讨了我国石油行业组织优化的基本目标和实现途径。本书认为，

前　言

我国石油行业组织优化的基本目标是，破除行政性垄断，分环节积极引入竞争机制，实现规模经济与竞争活力相兼容的有效竞争，提高石油行业的经济效率和国际竞争力。我国石油行业组织优化的主要途径是，实施市场结构重组政策和放松进入监管政策。市场结构重组政策的重点是，在短期内政府强制性地运用监管政策措施，较大幅度地重组或调整原有的市场结构，以形成有利于有效竞争的市场结构框架。放松进入监管则是从动态上保持有效竞争格局的基本政策措施。

第六，设计了我国石油行业组织优化的四种基本模式并作了政策选择。本书认为，在石油行业组织优化过程中，市场结构重组政策和放松进入监管政策这两种政策措施往往并用；同时，石油行业组织优化模式设计需要综合考虑石油行业供应链中不同业务领域的技术经济特征和垄断类型。基于以上考虑，本书设计了联网互利模式、接入监管模式、联合所有制模式和所有权分离模式这四种石油行业组织优化模式，并对四种模式的特点、优点和局限性运用图示作了说明，对四种模式的政策选择作了讨论。

第七，提出并论证了我国石油行业监管体制框架和监管体系建设的基本思路。以"监管有据、运行高效、公开透明、激励有效"为目标，我国石油行业监管体制的基本框架主要由监管的法规政策、监管机构、监管的社会监督和监管绩效评价这四大要素构成。其中，监管法规政策是监管机构运行的主要依据，监管机构是政策法规政策的执行主体，监管的监督体系是监管机构有效运行的保障，监管绩效评价是提高监管科学性的重要手段。它们有机联系、相互协调，形成一个完整的监管体系，以确保监管的有效性。我国石油行业监管体系建设的基本思路是：构建完善的监管法规政策体系、高效的监管机构体系、多元化的监管监督体系、科学的监管绩效评价体系，以形成与市场经济体制相适应的石油行业政府监管体系。

第八，探讨了我国石油行业的主要监管政策。根据政府监管目标和监管职能，针对我国石油行业主要业务领域的特点，本书重点讨论了我国石油行业的进入监管政策、价格监管政策、不同所有制企业布局政策、石油管输业务的联网监管政策和环境与安全监管政策。强调在制定相关政策时，要区分石油行业不同业务领域特点和不同所有制企业的作用。

本书是国家自然科学基金政策研究重点支持项目"中国能源监管体系与

监管政策研究"（71742001）的阶段性研究成果。这一研究项目具有跨学科的特点，涉及管制经济学、统计学、经济学、政治学、公共管理学等学科理论。而本书的特点是运用管制经济学理论分析我国石油行业的市场结构重组和混合所有制改革过程中存在的问题，探讨解决这些问题的基本政策思路与政策措施。因此本书对我国石油行业体制改革和有效监管具有一定的参考价值，这也是我们所期望的。

当然，我国石油行业监管体系研究之路漫长，无论在理论上还是在实践中都需要进一步探索，虽然我们已作了最大努力，但难免存在一定的缺陷，敬请各位专家学者批评指正。希望本书能起到抛砖引玉的作用，引起更多学者对石油行业监管研究的兴趣。

穆秀珍

2018 年 5 月

目 录
CONTENTS

第一章 石油行业改革与监管的基本理论 / 1
 第一节 石油行业的市场结构理论 / 1
 第二节 石油行业自然垄断与行政垄断理论 / 10
 第三节 石油行业的可竞争市场理论 / 16
 第四节 石油行业的激励性监管理论 / 18

第二章 中国石油行业生产率国际比较 / 33
 第一节 生产率测算方法及计算指标选择 / 34
 第二节 石油行业全要素生产率测算模型设计 / 36
 第三节 全球石油行业全要素生产率计算 / 39
 第四节 中国石油行业全要素生产率的国际比较 / 41

第三章 中国石油行业的垄断性及其效率损失 / 47
 第一节 石油行业的技术经济特征 / 48
 第二节 石油行业的垄断性市场结构 / 50
 第三节 石油行业的行政垄断 / 67
 第四节 双重垄断下的效率损失及其测度 / 69

第四章 中国石油行业市场结构重组改革 / 76
 第一节 石油行业市场结构重组的基本目标 / 76
 第二节 石油行业市场结构重组的主要模式 / 79
 第三节 石油行业市场结构重组的政策选择 / 83

第五章　中国石油行业深化市场化改革 / 87
　　第一节　打破石油行业的行政垄断 / 87
　　第二节　石油行业混合所有制改革 / 92
　　第三节　鼓励新企业进入石油行业 / 98
　　第四节　国有企业和民营企业在石油行业合理分布 / 101

第六章　典型国家石油行业组织与监管经验借鉴 / 103
　　第一节　典型国家的石油行业组织结构 / 103
　　第二节　典型国家的石油行业政府监管体系 / 107
　　第三节　典型国家石油行业组织与监管的基本经验 / 117

第七章　中国石油行业的现代监管体系与监管政策 / 123
　　第一节　石油行业的监管需求分析 / 123
　　第二节　石油行业传统监管体制及其问题分析 / 124
　　第三节　石油行业的现代监管体系及其构成要素 / 133
　　第四节　石油行业现代监管体系的实现路径选择 / 135

附表 / 145
参考文献 / 189

第一章
石油行业改革与监管的基本理论

在我国石油行业改革进程中出现了各种各样复杂多变的难题，对当前政府监管造成了一定程度的影响。鉴于目前石油行业改革和改革后的监管问题亟须实用性的理论支持，因此本书借鉴市场结构理论、自然垄断理论、可竞争市场理论、激励性监管理论进行了相关研究。

第一节 石油行业的市场结构理论

早期的市场结构理论主要针对市场结构进行分析，即行业内供给与需求数量、行业分布、产品差异化及市场准入的门槛限制等。而后期市场结构理论主要着眼于市场结构、市场行为和市场绩效之间的动态联系。

一、市场结构理论

市场结构理论来源于英国古典学派，将自由竞争机制看作扩张市场经济的主要推动力。亚当·斯密于1776年出版的《国富论》也认为，完全竞争市场中，每一位市场参与者在追求自身最大利益时，一定存在一只"看不见的手"引导着社会整体利益趋向最大化。这只"看不见的手"可以提高生产资源配置效率，换句话说，在完全竞争市场中，生产资源将不断地从生产效率低下、资源过多的产业向生产效率高、资源相对匮乏的产业转移。由此看来，无形之手推动了不同产业间生产要素的流动，优化了资源配置，带来了最大的社会福利。因此，多年来古典经济学家遵循上述观点，呼吁在完全自由竞争市场中，政府只需要扮演好守夜人的角色，放弃对市场的管制。因为对市场的管制政策绝不会比市场本身能带来更高的社会福利。此外，亚当·斯密还研究了完全垄断市场，指出完全垄断市场的效率最低。另外，他认为，不存在真正意义上的完全竞争与完全垄断市场。然而，随着经济现象的日益复杂，"看不见的手"的理论逐渐失去了对许多经济问题的解释力。

马歇尔作为新古典学派的经济学家，认为不应简单套用斯密无形之手的理论。他在1890年完成的《经济学原理》一书中表明，除土地、资本、劳动等要素外，组织要素也应当看作是企业的生产要素之一。马歇尔既继承了斯密的"人本主义"观点，又对无形之手理论进行了理论性的批判。他指出，无形之手的理论不能被盲目套用，在客观现实世界，自由竞争市场并不是完美无缺的。伴随着经济不断发展，大型企业出现规模收益递增现象，即规模经济，由此降低生产成本、逐步扩大市场份额，最后垄断市场。可以看出，规模经济带来的收益与市场垄断带来的社会福利损失必然存在冲突，这一现象称作"马歇尔冲突"（Marshall's dilemma）（Marshall，2003）。由于新古典学派假定市场完全垄断，而英国古典学派则是基于市场完全自由竞争的假定，因此他们之间存在差异。需要注意的是，由于二者的假设都脱离客观实际，因此相关研究结论难以用于解决实际经济问题。

随之而来的，是不完全竞争理论的提出。这一理论起源于美国经济学家张伯伦和罗宾逊分别完成的著作《垄断竞争理论》和《不完全竞争理论》，他们首次研究了垄断竞争的市场结构理论（Chamberlin，1950；Greenhut，1987）。张伯伦基于市场垄断程度的差异性，将市场结构划分成四种市场结构：完全竞争、完全垄断、寡头垄断及垄断竞争。他指出，在实际经济活动中，不存在完全垄断市场或完全竞争市场，所有市场都是垄断和竞争的相互融合，市场结构常常显示出垄断竞争与寡头垄断的现象。此外，张伯伦还认为，产品差异化才是造成垄断竞争与寡头垄断的主要因素，同样的观点也可见于英国经济学家罗宾逊的研究。此处不再详细说明。

借鉴张伯伦关于垄断竞争的研究成果，哈佛学派的梅森（E. S. Mason）和贝恩（J. S. Bain）深入研究了现代产业组织理论中的行业组织结构、企业行为及行业竞争，进一步发展了市场结构相关理论。梅森在1939年完成的著作《大企业的生产价格政策》给出了市场结构和市场绩效的衡量方法，但并没有给出市场行为的判断依据（Mason, 1939）。继而，产业组织理论的先驱贝恩在1959年完成的著作《产业组织》一书详细讨论了包含市场结构的SCP分析框架，该框架是现代产业组织理论的核心。贝恩认为，市场结构（structure）才是SCP理论最重要的部分，其与市场行为（conduct）、市场绩效（performance）一同组成SCP研究框架（Bain, 1966）。市场结构决定市场行为，此外，市场行为同市场绩效也有明显的联系，此即所谓产业组织学理论中的"三分法"。在借鉴张伯伦垄断竞争思想后，哈佛学派提出了以市场结构理论为核心的现代产业组织分析理论框架。贝恩进一步探索了市场结构背后的驱动因素及它们对市场行为和市场绩效的作用。贝恩指出，上述驱动因素有：市场集中度、产品差异化及市场进退壁垒等，它们通过不同方式对市场行为和市场绩效产生着影响。此后的学术界基本遵循了上述SCP理论。然而，在20世纪70年代，哈佛学派的SCP分析框架受到挑战。大量研究指出，市场结构、市场行为与市场绩效三者间的关系错综复杂，并不能简单地用单向影响来概括。

芝加哥学派，即效率学派，提出市场绩效是市场结构的决定性因素。该学派的施蒂格勒（V. Stigler）于20世纪60年代末完成的著作《产业组织学》，向整个经济学界推广了芝加哥学派，施蒂格勒还因此被授予了诺贝尔经济学奖。与哈佛学派的垄断竞争理论相比，芝加哥学派更为侧重于完全竞争理论，着眼于价格机制以及价格机制的实际运用，他们指出，以自由竞争市场为前提，利用价格机制的调整可以让市场获得最优效益（Stigler, 1969）。基于上述原因，效率才是自由竞争市场中的决定性要素。芝加哥学派着眼于企业效率并进行了细致的分析，认为产权结构、组织结构等对企业效率有着显著的作用，进而左右了整个市场结构，即决定了市场的竞争与垄断程度。此外，该学派坚信企业的高效率提高了行业集中度，继而带来了垄断的市场。企业效率并不是垄断所导致的。这一学派所提出的理论否定了哈佛学派所倡导的市场结构决定论，反而认为市场绩效是市场结构的重要影响因素。这也给后来的学者提供了有价值的研究方向。

同样的，作为重要的组织学派，新奥地利学派也挑战了哈佛学派提出的市场结构决定一切的观点。该学派的主要代表人物为：米塞斯（Ludwig von Mises）、哈耶克（F. A. Hayek）及柯兹纳（I. M. Kirzner）等。该学派主要从市场集中度、产品差异化和进退壁垒三个角度质疑了哈佛学派的分析范式（Eshelman, 1993; Hayek, 1945; Kirzner, 1973）。该学派指出，首先，单纯的以市场参与者的数目或者市场份额来量化市场的竞争与垄断程度过于狭隘，事实上自由市场中，企业之间的压力会自然而然迫使企业提高效率，从而带来市场绩效的变动。其次，企业为争夺市场份额，会推动自身的产品差异化，事实上市场的垄断、竞争与产品差异化没有明显的联系。最后，市场进退壁垒因素难以完全约束市场竞争，举例来说，行业的规模经济、投入要素等难以完全阻挡企业进入市场。综上所述，该学派全面否定了哈佛学派提出的三个影响市场结构的重要因素。

市场结构理论历史悠久，由完全竞争、完全垄断、垄断竞争各种市场类型的提出，到哈佛学派针对市场结构理论展开了细致的研究，相关的争论此起彼伏。事实上，古典学派率先对市场结构进行了分析，他们呼吁自由竞争，然而，新古典学派代表人物马歇尔否定自由竞争是完美无缺的，张伯伦继而针对垄断竞争的市场结构进行了分析，将市场结构分成四种。当时的各个学派只专注于自己的研究领域，因此整个学术界对于市场结构理论的研究未成体系。哈佛学派最先完成了对整个市场结构分析范式的研究，他们认为市场结构决定市场行为。后续的相关研究大多以SCP分析范式为基础。

现代市场结构理论指出，一方面，市场行为最重要的影响因素是市场结构，市场结构与市场行为一同决定市场绩效；另一方面，市场绩效与市场行为对市场结构也有一定程度的影响，最终决定了市场的垄断竞争状况。学术界基本选择市场集中程度、需求提高量、产品差异化和进退壁垒等指标量化分析市场结构。首先，作为衡量市场结构的最主要的指标，市场集中度可以划分为绝对集中度、相对集中度及其他指标。绝对集中度研究的是一个行业中排在前列的大企业囊括的总市场份额比重，一般考虑前四位（CR_4）或前八位（CR_8）。相对集中度讨论的是洛伦兹曲线及基尼系数。前者是把行业中的市场参与者根据他们占据的市场份额由少至多排序，绘制出累加后的市场份额比例和累加的企业数目比例之间的曲线。此外，许多学者也经常采用赫希曼－赫芬达尔指数（HHI指数），这一指标着眼于排在前列的大企业，对研究我国石油行业具有天然的优势。其次，产品差异化认为，各个企业生产的产品不能相互替代的一个重要原因是这些产品存在功能、服务、地域差异或者消费者主观意愿不同。一般我们采用需求的交叉价格弹性及广告量来研究产品差异化。后者使用的更为广泛，因为广告密度较其他指标更容易获取。计算公式为广告费用绝对额除以产品销售额。最后，进退壁垒是在市场中立足的企业对企图进入市场的企业设置的阻碍。例如，这一壁垒主要可以表现在规模效益、资本投入、产品差异以及政策法律等。一般可以采用总进入率、净进入率、进入渗透率和进入后生存时间等因素来量化分析进退壁垒的程度。

二、市场结构理论在石油行业的应用

学术界一般采用赫希曼－赫芬达尔指数以及行业内前几位大企业占据的市场份额来量化研究市场结构。当然，也有少数学者使用市场集中度、需求提升率或成本结构等指标。杨嵘指出，垄断经营和分层管理是我国石油业的主要表现形式。我国加入WTO对该市场模式带来了一定程度的压力（杨嵘，2002）。即使石油行业中的管道市场存在垄断现象，我国石油市场依然是竞争性的市场。事实上，我国石油分布较为广泛，目前最高的单个油田产油量低于整个石油市场产油量的40%。此外，单个石油企业产油量均不高于整个石油市场的70%，随着科学技术的进步，石油的替代产品将不断涌现（杨嵘，2003）。诸文娟（2006）指出，从石油市场的纵向视角看，上游石油市场为寡头垄断，但下游市场是自由竞争的。习文静（2007）的研究发现，直到1980年左右，我国整个石油市场被政府部门垄断；石油行业的政企分开始于1998年，但是自1999年以来，我国石油市场大致呈现出行政垄断的现象。刘中成（2008）指出，忽略对外贸易影响的话，我国石油市场寡头垄断程度较高，尤其是上游产业。另外，当考虑对外贸易后，石油市场的自由竞争程度有了显著的提高。因此，对外开放可以有效地削弱我国石油市场的垄断程度。唐雄（2013）针对我国石油市场中的服务行业开展了相关研究，一方面市场上存在或大或小各种类型的企业，但另一方面位于前三位的服务企业占据着大约70%的市场份额。陈慧芬（2014）利用我国石油市场前三位大企业占据的市场份额数据以及赫希曼－赫芬达尔指数，量化分析了1997~2011年我国石油市场的结构。排名前三位的大型石油企业占据的市场份额为92.67%~95.69%，存在稍许下降，但不显著。赫希曼－赫芬达尔指数范围为3600.11~8010，由于我国石油企业上市以及市场重组，这一指标在1998

年左右变动较大。综合来看，陈慧芬认为，虽然我国石油市场垄断程度得到削弱，但依然存在高度的垄断现象。

针对石油市场开展 SCP 分析，主要是基于市场结构来研究对市场行为与绩效的作用。黄力（2010）利用石油企业年报以及 Wind 数据库的相关数据，指出自 2005～2009 年，我国石油产业的市场集中度一直高于 94%，石油行业市场集中度过高。因此，各大石油企业不必借助其他推销方式便可轻易获取市场份额。此外，基于市场绩效的视角，我国的国有企业以及规模以上非国有企业利润率高于 80%，且存在上升空间。李忠民（2011）指出，在我国石油市场中，前三家企业基本统治了整个市场，2009 年共计占据整个成品油市场的 91.09%。由于这些产品之间不存在显著的差异，缺少替代品，且行业内存在行政垄断现象，因此在石油市场我们很难看到广告等推销行为，并且相关技术投资也较低。这也导致我国石油市场三巨头的市场竞争力远远低于其他跨国石油公司，例如埃克森美孚及英国石油公司（BP）（张腾，2013；李丽红，2007；徐健，2006）。

针对我国石油市场的进入壁垒，杨嵘（2002）指出，政府垄断是建立壁垒的基础，由于政府对石油市场严格管理，我国的石油市场主要是行政性壁垒。当然，也有技术壁垒与沉没成本壁垒的存在，这些进入壁垒保证了我国石油市场的长期垄断。刘中成（2008）将我国石油市场的进入壁垒分为政策因素与资源因素两个方面，政策因素主要是基于政府制定的市场进入许可，而资源因素则是基于石油资源的开发许可。除去上述两种壁垒，我国石油市场还存在技术因素与规模经济因素造成的壁垒。王娜（2012）指出，政府对我国石油行业的审批管理是导致该行业存在进入壁垒的主要原因。举例来说，1986 年出台的《矿产资源法》强化了对石油资源的开发权限，因此，当前具有勘探开发权限的只有四家企业。唐雄（2013）将我国采油服务行业进入壁垒划分为规模效益、制度、要素投资、产业差异和技术等因素。高建（2007）指出，中国石油市场的上游开采服务中存在不同因素导致的壁垒，这些因素有行政许可、资本投入、规模效益和技术。行政许可即政府出台的严格的管理制度，比如市场准入等；资本投入壁垒主要是由于石油资源的勘探与开采需要巨大的投资作为支持；规模效益因素主要说明石油资源的开采必须具备一定规模否则难以承受过多的成本投入；技术因素指的是我国石油市场的参与者都需要具备一定程度的石油勘探开发技术，否则难以在市场中立足。陈慧芬（2014）指出，我国石油市场中壁垒高企，导致石油市场潜在竞争者难以进入，高企的壁垒也代表着我国石油行业严重的垄断现象。此外，陈慧芬还将我国石油市场的进入壁垒的主要类型归结为制度、规模效益、资本投入等。她认为制度因素导致的壁垒主要是基于政府介入，上文中提到的《矿产资源法》将我国石油行业的经营权分配特定的企业，如中石油、中石化等，即使后来也批准了符合规定的石油企业进入石油市场，但大型石油企业对石油市场的垄断导致后续的市场潜在参与者难以获得石油市场份额；规模效益因素带来的壁垒指的是由于石油开采过程中的投资过高，若前期的资本投入不达到较高的水平，必然导致企业生产效益下跌。例如，陆上石油的勘探费用高达每吨十多亿元，而海上石油勘探开发费用相对于陆地石油的投资呈几何级递增，这也是造成了石油市场高壁垒的原因。

霍健（2017）在深入研究石油市场中资源获取、价格、一体化等行为后指出，基于市场行为，外部环境的变动可以改变市场结构及市场绩效。在石油市场中，市场结构及市场行为对石油企业的市场活力和利润存在一定作用。辛民昌（2016）采用包含要素转移和石油开采需求等市场外部条件的 SECP 范式深入分析了我国石油市场。认为我国石油市场份额已大体上由几家巨头企业所分割，弱小的石油企业由于缺乏规模效益，被迫寻求其他竞争途径，例如技术创新等。

三、国际石油行业市场结构现状

美国的石油市场垄断情况并不严重。事实上，该国各大石油公司可以依靠国外途径来获取原油，这也是石油行业上游开发企业难以支配整个石油行业的重要原因。林卫斌和方敏（2013）指出，在美国石油勘测开发领域大约有 15 000 家石油公司，而位列前 20 位的公司共计占有了该国石油产业接近 3/5 的份额。美国联邦贸易委员会（Federal Trade Commission，2004）指出，自 1990 年左右到 21 世纪初，在该国的炼油市场中，炼油企业的个数不断缩减，但随之而来的是每家炼油企业占据越来越多的市场规模。而从英国石油公司（BP，2014）的研究我们可以发现，在 2013 年度，这一市场的炼油量甚至多达每天 17 000 多千桶。美国能源信息署（EIA，2014）指出，自 2000

7

年开始，该国的石油炼化领域的市场集中度不断增加，当年炼油市场中位列前五位的炼油公司产量共计达到整个行业的39%，而2013年这一指标增加到44%，且2013年市场中存在57个炼化公司，管理着139个炼油厂。另外，自2007年，为了追求更高的利润，各大石油巨头公司渐渐放弃石油零售业务，而转向收益较高的勘测和炼化领域，这也导致该国石油行业下游的市场竞争较为激烈。根据北美便利店协会（NACS）2014年发布的数据，美国成品油销售领域共存在126 658家公司，而前五位石油巨头只参与到其中0.4%的市场，即使在这一行业前5 093家公司的总产量也只有总行业的12.6%。

以挪威为例，该国的石油市场上游，尤其是石油勘测与开采领域的市场垄断严重。且陆地石油占据绝大部分市场，1/3的公司进行的是加工或者出产业务。EIA（2011）指出，只挪威国家石油公司（Statoil）一个公司便控制了该国石油勘测开采领域70%的市场，且伴随着相关大陆架油田生产技术的推广与开发，会有越来越多的公司涌入该领域。

在挪威的石油炼化领域，存在着鲜明的寡头垄断现象，即该国两大炼油巨头企业占据了将近全部的炼油行业市场份额。具体来看，挪威国家石油公司与壳牌（Shell）两个石油公司共同管理的蒙斯塔德（Mongstad）炼油厂每天可提供20万桶石油，而埃索（Esso）公司经营的斯拉根（Slagen）炼油厂每天可提供11万桶，仅仅该两家公司1/3的出产量便可以覆盖整个挪威的石油市场，且过剩的石油还能向欧盟出口。美国能源信息署（2014）指出，挪威具备最好的石油炼化技术，完全符合欧V标准，这也使得该国可以长期保持与欧盟石油市场亲密的合作伙伴关系。美国能源信息署（2011）的研究发现，该国整个石油销售领域大体上被几个巨型石油公司所控制，因此导致该领域具有较高的市场集中度，前4位企业市场占有率（CR_4）高达97%，意味着挪威国家石油公司、壳牌、埃索和Uno-X Energi这四个规模最大的石油公司掌握了挪威97%的石油销售市场，且仅挪威国家石油公司、壳牌、埃索便控制了几乎4/5的市场，而其中的挪威国家石油公司甚至占据了整个行业1/3的汽油、柴油市场。

在巴西，巴西国家石油公司（Petrobras）作为该国规模最大的石油公司，在全世界排名第13位，控制了巴西石油市场90%的份额，管理的油田大多处于巴西的里约热内卢以及圣埃斯皮力里图州。该国也参与了世界其他国家的石油供应服务。举例来说，壳牌每天供应石油7.5万桶，雪佛龙（Chevron）每天供应石油8.5万桶，此外，还有英国天然气集团（BG Group）、英国石油公司、雷普索尔（Repsol）、埃尔帕索（EI Paso）、葡萄牙高浦能源（Galp Energia）、印度石油天然气集团（ONGC）、阿纳达科石油公司（Anadarko）等企业，当然，OGX作为巴西民营石油公司也参与了石油勘测等领域。据统计，该国现存13家炼油企业，而仅巴西国家石油公司便控制了12家，2013年整个巴西的炼油市场每天能提供每天209.3万桶的炼油量，而巴西国家石油公司每天的炼油量为200万桶，占该国炼油市场的95.56%。不难发现，巴西的石油市场的垄断程度较高。此外，巴西出产的主要是重质原油，在国际上具有较为明显的技术优势。该国石油销售市场竞争激烈，三家较大的石油公司管理着全国大约2/5的加油站。具体来看，整个巴西存在4万多个加油站，而仅巴西国家石油公司便占据着7 710个，伊比兰伽（Ipiranga）公司占据5 662个，壳牌公司占据2 740个，其与科赞（Cosan）共同经营的雷曾能源（Raizen）管理着接近4 500个加油站。

而西班牙的石油市场则是由高垄断向竞争性市场进行变动。从1927～1984年，该国石油市场垄断程度较高，政府支持的西班牙国家石油公司占据着整个石油行业上下游的市场，例如勘测、开发及炼化等环节，完全没有私营企业存在的空间。从1984～1992年，基于石油行业日益严重的产能过剩现象，该国政府组建了国内规模最大的石油公司——雷普索尔，西班牙的石油市场开始进入过渡期。与此同时，该国进入了欧共体，基于相关国际规定，西班牙政府做了大量工作来构建开放包容的竞争性石油市场，比如改革当前的石油政府部门，推动石油的进口。此外，借助1988年出台的相关法案，西班牙政府努力创造出一个全国性的公正的加油站分布体系。因此，自1992年以来，该国石油市场的市场集中度逐渐降低，继而竞争性的石油行业逐渐显现。具体说来，1995年西班牙石油市场规模最大的三家公司——雷普索尔、西班牙石油公司（CEPSA）与英国石油公司共计占据了86%的市场份额，而在2001年降到了73%，在2005年甚至缩减到66%，石油市场的垄断程度显著降低。贝洛和卡韦罗（Bello & Cavero, 2008）指出，西班牙政府在当时将规模最大的石油公司雷普索尔私营化，此后，雷普索尔的市场份额在1995年为55.32%，而在2005年已经缩减至42.21%。

而我国的石油市场发展也较为复杂，大致可概括为"政企一家—政企分离—市场化改革"这一路线。王俊豪（2015）、杨嵘（2002）和潘宁（2011）指出，当前我国石油市场勘测、开采及炼化等行业属于垄断市场；于良春认为该垄断模式可分为行政垄断与自然垄断两种。穆秀珍（2016）的研究发现，我国石油公司之间所提供的成品油和原油差异化较低，但化工产品差异性较高。严绪朝（2014）指出，因为中石油、中石化和中海油三家企业在我国石油市场中垄断着石油的勘测与开发，导致产业链下方的炼化及销售公司难以发展。此外，于良春（2010）和梁波（2013）还指出政治因素，例如行政壁垒也对我国石油市场有着重要的影响。

针对石油行业的研究可以大体分为以下三点：第一点为鉴定石油行业的市场结构。伴随着经济的不断发展或由于衡量准则的差异，判断结果必然各不相同。第二点为根据目前的石油行业的市场结构来分析市场行为。举例来看，我们可以研究该行业的市场集中度来推测大型石油公司是否存在相互勾结的行为。第三点是基于石油市场进入壁垒的分析，根据我国石油公司不同的发展进程，相关研究对于石油市场进入壁垒的分析也各不相同。另一方面，虽然我们针对该行业的市场结构的分析忽视了产品差异化这一问题，但这是由于各个石油公司提供的产品相似度较高，因此我们不进行详细的研究。

综上所述，世界各国的石油市场的都有着或多或少的垄断现象，尤其是石油市场上游领域，垄断现象较中游的炼化市场更为严重。而下游的石油产品销售业务的情况则各不相同。挪威等国家在该领域存在严重的垄断现象，而巴西、美国等国家却完全相反。

第二节　石油行业自然垄断与行政垄断理论

我国石油市场垄断方式主要分为自然垄断与行政垄断两种。具体来看，石油行业上游表现为行政与自然垄断，中游为自然垄断，下游为行政垄断。

一、自然垄断与行政垄断理论

英国古典经济学派率先于 19 世纪展开对垄断理论的研究，不过当时研究方向主要是基于行政因素或生产要素供应不足而导致的自然性垄断。该学派代表人物穆勒（John Stuart Mill）在其 1848 年出版的《政治经济学原理》中最先对垄断的自然性展开研究。穆勒指出，地租是导致自然性垄断的主要因素，由于土地在当时供小于求且是对生产具有决定性作用的资源，这一属性导致了租金的出现。当然，若生产资源供大于求，那么租金便不会出现，垄断也就不具有自然性。此时，尽管政府可以采取行政性垄断的举措，但由于不存在租金现象，自然垄断便不存在产生的基础。

综上所述，上述学派主张自然条件才是垄断自然性的主要影响因素，租金主要是由于自然生产要素供小于求，最终导致自然垄断的产生。自此多年，自然资源一直是自然垄断框架研究的重点。伴随着时间的推移，上述观点开始被质疑，因为人们发现大量自然垄断现象的出现脱离了自然生产要素的影响。自然垄断理论重新受到全面的审视，代表着自然垄断不再仅仅依靠自然要素的变化，其他原因或许也会导致自然垄断现象的出现。

一个重要的因素便是经济性要素。法罗（Thomas Henry Farrer）率先试图以经济性为出发点研究垄断的自然性。他将自然垄断市场定义为无竞争或竞争失败的市场，该类市场的经济性特点有以下五点：①此类市场提供的服务或物品必不可少且难以替代；②此类市场同时具备区位及环境两种优点；③该市场提供的服务及物品难以保存；④此类市场具有规模效应；⑤法罗（Farrer，1902）指出，该行业能够向市场供应稳定的产品或服务。亚当斯（Herry Carter Adams）将全部的产业概括为规模收益减少、增加及稳定三种情况。且规模收益递增的行业缺少的只是政府的行政监督。此外，亚当斯（1887）还根据上述三种情况深入区分并研究了自然垄断市场。同样的，埃利（Richard T. Ely）基于经济特点，将自然垄断市场划分为三种：①自然垄断形成的主要原因是生产要素的私有性；②垄断形成的主要原因是企业自身技术专利或行政性干预；③由于技术特性带来的自然性垄断。埃利（1937）指出，与上述三种情况同时出现的是规模效应，且规模效应得以让市场更加集中。虽然垄断市场的自然属性在当时引起了许多学者的关注，自然资源依然被看作市场自然垄断的主要原因并被广泛研究。

20世纪后期，学者们开始将经济因素（规模经济）视为研究的重点来分析市场的自然垄断现象。具体说来，规模经济（economy of scale）指的是给定企业的生产水平，长期平均成本会由于生产规模的增加而逐渐降低。当然，这一成本的降低存在一定的限度，当下降到最低时便对应企业生产规模的拐点。越过拐点，长期平均成本逐渐增加，此时称作规模不经济。规模经济的出现，让市场参与者能够借助改变企业规模大小从而将长期平均成本压到最低，获得最大利润。克拉克森（Clarkson）的研究指出，全部市场，只要属于自然垄断，规模报酬都是上升的，即企业成本会根据自身规模的扩张而减少，这也导致一个行业中，如果存在的企业较少，那么各企业的生产成本便较低。克拉克森（1982）发现，基于以上考虑，市场中的企业大多希望采取各种手段，比如低价倾销等，迫使其他企业离开市场，以降低整个行业中的企业个数，随之便出现了行业的自然垄断。李普塞（R. G. Lipsey）和萨缪尔森（Samuelson）都指出，规模效应是产业自然垄断的根本，市场中的中小企业大多有着高于巨头企业的生产成本，且他们的生产效率也较低。斯蒂格利茨（Stiglitz，1987）的研究发现，企业生产专利或技术能够让他们具备足以挤压对手生存空间的竞争力，因而带来行业自然垄断。综上所述，虽然以上学者针对规模效应如何带来行业自然垄断的视角各不相同，但大体来说可分为三种观点：①规模收益递增。当行业中的企业规模扩大，由于企业数目较少，从而各自的长期生产成本可以不断压缩。②边际生产成本会不断降低。由于市场中的企业规模不断增加，他们的边际成本会不断减少，因此规模便进一步扩大，最终带来市场垄断。③市场壁垒的存在也是行业自然垄断的一个重要原因。如果政府不介入市场，市场的潜在进入者会面临较高的投入成本，难以与当前的市场企业相抗衡。事实上，规模效益也是行业内进入壁垒的重要原因。所以在上述分析过程中，之前的自然资源决定市场垄断的观点被抛弃，而规模效益成为行业自然垄断成因的讨论热点。

但是，从20世纪六七十年代开始，行业自然垄断与规模效益存在密切联系的观点逐渐受到挑战，许多学者开始转向研究范围经济与成本劣加性，认为它们才是行业自然垄断的根本原因。有研究指出，即使不存在规模效应，一些市场参与者借助范围经济与成本劣加性，依然可以发展到自然垄断。夏基（Sharkey，1982）、鲍莫尔（Baumol，1977）和潘扎（Panzar，1989）的研究指出，行业自然垄断的出现也说明市场中有成本劣加性或范围经济。成本劣加性对比的是，行业内多个企业共同提供商品对应的总成本低还是单一巨头企业控制的市场所对应的成本低。尽管这一因素包含两个方面：多个产品与单个产品，基于客观实际，较为常见的是多个产品的情形，因此我们在此只关注多个产品的情形。在多个产品垄断市场中，范围经济与成本劣加性有着紧密的联系，这是由于对产品来说，彼此互为依托是关键所在。此时，生产环节的合作可以有效降低彼此的成本。也就是说，不管生产要素如何分配，当单一厂商能够生产多个类型的商品，且生产费用较几个厂商合作生产的还要小，那么整个行业的份额必然被该单一厂商所占据，即市场自然垄断的充分必要条件是成本劣加性。而范围经济（economies of scope）的含义为厂商同一时刻向市场提供两类或多于两类的商品所需要的费用低于厂商分开生产每类商品加总的生产费用。其余规模效益的差异是，前者注重的是提供商品的品种多少，而后者侧重的是厂商的规模大小，彼此没有显著的联系。例如，某一厂商同一时刻可以向市场提供多个类别的商品，即范围经济，但其或许并不具备规模效益；相反，某个厂商具备规模效益，但其在向市场提供多类型商品的同时不具备范围经济。上述时期的相关研究大致可概括为以下四点：①市场自然垄断的充分必要条件为成本劣加性，其也是描述此类市场的重要特点；②当只有一个商品时，不能将规模效益简单看作平均成本的减少；③当存在多种商品时，成本劣加性与规模效益不存在严格的因果关系；④同样，当存在多种商品时，成本劣加性才是自然垄断产生的根本原因，而不是范围经济或是规模效益。

随着时间的推移，经济发展水平进一步提高，市场中出现了一种新的垄断现象，这一现象在大部分研究中被称作行政垄断。王俊豪（2007）和 Guo Yong（2004）指出，行政垄断的含义为行政部门在指定的市场中，出台行政性政策或法规来阻挡一些厂商的加入，约束它们的竞争。如果政府不再对这些市场进行行政性的管制，行政性垄断的市场便会消失。否则，便会出现严重的行政性垄断。事实上，仅仅几个厂商便垄断某个竞争性的市场的现象随处可见，这主要是因为行政因素的存在，我们将其称作行政垄断。概括说来，这种垄断模式具备以下四个特点：①政府机构是引起行政垄断的根本原因，政府对某些重要的、关系国计民生的产业出台政策进行管理；②行政垄断不是完美无缺的，比如某一市场中的几个利益团体向行政部门寻租从而占据市场份额；③这一垄断模式具备强制性，行政机构采取的行政措施是无法选择的；④政府采取行政垄断一般是基于税收、国计民生或特定市场利益等多角度的考虑。

二、自然垄断与行政垄断理论在石油行业的应用

我国石油市场的垄断性是显而易见的。杨艳玲（2010）基于整个企业的视角指出，我国石油市场具有垄断性质，市场份额被几大石油公司共同分割。它们通过占据原油市场及炼化产业，维持了自身极高的利润额。胡琰琰（2012）认为，中国石油市场目前寡头垄断情况的主要原因是政府部门行政介入，并非行业自由竞争的模式。因此，中国石油市场三个巨头厂商在市场中的地位是不均等的，占据我国原油开采市场的是中石油，而炼化市场中处于优势的是中石化，上述模式在我国会长期保持。朱琳（2013）的研究发现，我国石油市场中，上游和中游产业有着较高的集中度。虽然目前下游石油销售放开了对私营企业的严格管制，然而下游产业的竞争并不是完全自由开放的，因为政府部门依然有着严格的管控政策，即存在行政性垄断。王孝莹（2009）指出，我国石油市场并不是单纯的自然垄断或行政垄断，根据不同环节，我国石油市场可以概括为以下五个部分：勘测开发、原油批发、炼化、成品油销售和运输。炼化业务既是自然垄断，也是行政垄断，石油销售市场属于行政垄断，其他领域属于自然垄断。

学者们深入研究了我国石油市场行政垄断的原因、弊端以及处理方法，认为提高该市场的竞争性才能有效遏制行政性垄断。林益楷（2014）指出，我国石油市场的规模效益是垄断形成的重要原因。钱利（2014）的研究发现，我国石油市场行政垄断背后有多个原因：油价、厂商营利、零售、对外贸易和勘测开发垄断等。例如，市场供需对我国油价没有实质性的影响，国家发改委依照国际上的油价，采用行政手段制定国内油价，具有行政垄断的特征。唐东博（2013）的研究表明，行政垄断降低了中国石油行业厂商的竞争力，导致石油厂商间近似于没有竞争现象。此外，收入差距也由此扩大，石油巨头公司的职工享受的待遇大体高于社会平均福利，私营企业由于难以

参与到石油资源市场,在竞争中受到歧视。田子方(2013)指出,行政垄断的出现不仅降低了石油巨头公司在国际上的竞争能力,而且危害了消费者权益。例如,石油市场行政性垄断导致 2009 年油价上涨 17.7%,为此买单的却是广大消费者,这一现象与中国缺少合理的油价制定体系有关。李治国(2012)指出,我国石油市场的行政垄断现象造成石油市场缺乏效率,必须削弱此类垄断,构建自由竞争市场。即改革石油企业,使其与政府分离,缩减私营企业与国企的生产要素距离,完善油价制定体系,引入市场供求关系,逐步降低石油市场对外贸易的约束。李德强(2012)认为,我国石油市场的这一垄断格局与自由竞争是矛盾的,行政垄断让我国石油市场难以进入自由竞争的阶段。目前,对于民企来说,并没有与国企大型石油公司抗衡的能力。为构建我国自由竞争的石油市场,适当允许其他国企进入市场不失为一条解决途径。此外,很多研究也支持了上述结论(习树江,2009;庞博,2008),在此不再详述。

三、国际石油行业的自然垄断与行政垄断现状

事实上,世界各国的石油市场都会或多或少存在垄断现象。早期,国外的石油市场被私人企业控制,不同于国有企业,私人企业的唯一目标是追求利润最大化,因此市场竞争力或者生产效率都较高。随着时间的推移,政府开始重视石油资源,采用多种手段逐渐掌控了石油资源,即石油产业的国有化。但是国企由于要考虑国计民生,不能简单地追求营业利润,因此导致我国石油市场竞争力不高,这就限制了该行业的进一步发展。为此,一些国家又逐渐尝试放开对石油市场的行政性限制。

麦金森(Megginson,2001)的研究发现,国企的竞争力显著低于民企。例如,巴西国家石油公司作为巴西境内规模最大的国企石油公司,控制了巴西 97% 的石油,这一现象的背后有着复杂的历史原因。1995 年以前,巴西出台《石油法》(即 No.9478/1997 法)树立了巴西石油公司在石油市场的统治地位。但是,随着经济的发展,巴西石油市场生产效率不断降低,从 1976~1994 年,年平均劳动生产率仅有 4.7%。该国从 1995 年开始,取缔了石油国企的法律垄断地位,放开石油市场,到 2001 年的年平均劳动生产率增加到了 14.6%。布里奇曼和戈梅斯(Bridgman & Gomes,2011)指出,自由竞争的

石油市场具备更高的生产效率。西班牙境内石油市场主要是寡头垄断格局，国内市场缺乏竞争。贝洛和休尔塔（Bello & Huerta, 2007）的研究发现，由于政府约束国内油价，西班牙的油价较国际上其他国家偏低，低于葡萄牙66%，低于法国156%，低于意大利159%。该国自加入欧盟后，同意逐步抬高国内油价与国际接轨，维护欧盟石油市场的合理化发展。

事实上，国际石油市场不具备显著的私有化。维克多（Victor, 2012）指出，截至2016年，世界上95%左右的石油资源被国企管理，这些企业中大部分于20世纪70年代左右被国有化。马赫达维（Mahdavi, 2014）、塞泽尔（Sezer, 2009）和古里埃夫（Guriev et al., 2007）的研究认为，石油市场行政性垄断的主要目的是扩大税收或稳定社会经济发展。此外，隆（Luong, 2013）和楚赫曼（Chuchman, 2012）却主张国家的政治考虑才是垄断性石油市场背后的关键因素。由于石油在国家安全等很多关键领域难以替代，该市场必然与国防、国计民生密不可分，许多国家也因此将石油产业垄断。

第三节 石油行业的可竞争市场理论

在可竞争市场理论中，如果政府削弱对市场进入限制，市场中的在位企业会受到市场外部潜在竞争者的竞争压力，从而提高自身的生产效率，这也是政府强化市场监管的一条新途径。

一、可竞争市场理论

1987年12月29日，美国新福利经济学代表人物鲍莫尔在他任职美国经济学会主席时的演讲中率先阐明了可竞争市场理论（theory of contestable markets）[①]。此外，在其与帕恩查（Panzar）和韦利格（Willig）合作发表的《可竞争市场与产业结构理论》著作中，进一步系统研究了这一理论。目前，学

---

① Baumol W. J. Contestable Markets: An Uprising in the Theory of Industry Structure [J]. American Economic Review, 1982（72）: 1-15.

术界针对上述理论已经开展了深入研究①,影响了当前的市场监管体系改革。

这一理论的前提条件有如下三点:①市场潜在竞争者具有与市场现存企业相同的竞争力,竞争环境是公平的,且市场不存在进退壁垒;②企业潜在竞争者可依据当前市场的价格情况来分析当前行业内的营利情况;③市场潜在企业可以实施"赚了就撤"(hit and run)的策略,即潜在企业会抓住稍纵即逝的盈利空间从而进入市场,在得到一定利润后便立即离开市场。需要注意的是,上述市场中没有退出壁垒。

可竞争市场理论大体可总结为如下两个方面:

(1)不论市场中的企业采取何种垄断模式,市场中没有超额利润。不言而喻,超额利润的存在将使得市场潜在竞争者采取相同的成本来抢夺市场份额,尽管市场潜在竞争者提供的产品的价格较其他厂商更低,他们依然可以得到盈利空间,有的还能获得超额利润。由于在位企业尚未作出价格的及时调整,因此这些市场潜在竞争者可以获得一定程度的销售额。基于此,在位大企业必然将超额利润定为零以此来约束市场潜在竞争者抢夺市场,此时的价格也称作"可维持性价格"(sustainable price)。换句话说,市场竞争性不受垄断的干扰,由于市场潜在竞争者的威胁,在位垄断厂商必然将较高的垄断价格降为可维持性定价原则。

(2)我们很难在此类市场中看到生产或管理中的低效率,即 X 非效率(X-inefficiency)。这是由于上述低效率情形的出现将带来无用成本,市场竞争力高的潜在竞争者会基于以上考虑而选择进入行业进行市场份额的争夺。尽管短期中在位厂商或许是低效率的,但基于长期的视角,市场竞争的压力会让在位厂商不断提高自身的生产及管理效率。

可竞争市场理论指出,市场垄断不一定降低社会福利,相反,有时也会增加社会福利。一般而言,随着自由竞争性的市场不断发展,为数不多的巨头企业相互勾结导致市场垄断,严重影响了行业内的公平。然而,上述的可竞争市场理论却与之截然相反,该理论认为在接近自由竞争的市场中,基于行业内的可竞争性,因此自然形成的垄断格局对市场是没有危害的,不会出现 X 非效率的情况。

---

① Baumol W. J., Panzar J., Willig R. D. Contestable Markets and the Theory of Industry Structure[M]. New York: Harcourt Brace Jovanovich, 1982.

但是，上述理论指出，自由竞争的市场不是万能的，我们不能全盘否定针对市场的行政干预。由于自由竞争性市场与其他市场的结构不同，不是任何市场都可以走自由发展的道路，某些行业是否需要行政干预依然是一个值得讨论的话题。可竞争性市场理论只能用于具备可竞争性特征的行业，当然，一般而言，该理论较其他理论的实用性更强。

二、可竞争市场理论在石油行业的应用

随着产业组织理论相关研究的不断深入，可竞争性市场理论逐步代替了市场结构理论成为关注的热点，而政府对石油市场的行政干预也不再针对反垄断地位，而是针对反垄断行为，这为当前形势下如何有效监管石油市场提供了重要思路。我国的石油市场还不具备可竞争性，市场中依然存在进入壁垒等阻碍因素，潜在厂商难以便捷地进入市场。

事实上，当前我国石油市场不是可竞争性市场结构，超额利润、X非效率等现象依然留存，市场中巨头厂商的垄断行为是生产低效率的主要原因。因此，政府对石油市场的合理监管必不可少。

第四节 石油行业的激励性监管理论

一、激励性监管理论的产生

自20世纪70年代，自然垄断市场和公用单位的运行效率在英国、美国等发达国家开始受到质疑，由此带来了一次放开对市场监管的浪潮。同时，整个社会也开始关注早期针对市场监管方面的理论研究。虽然对市场的行政约束范围被技术进步和供需变动所降低，但自然垄断市场的特征依然没有发生大的变动，行政约束依然必不可少。此外，也需要对传统的行政管理方式进行优化。大部分国家中，科学技术的飞速发展导致电子通信市场等自然垄断产业呈现出较为复杂的格局，许多方面迫切需要特定的行政干预来防止社会通信混乱，例如最高定价、大众化服务、稀缺的通信频率资源等重要方面。自90年代以来，出现了委托代理理论、博弈论等前沿的微观经济学的理论，产业经济学的研究步入了新的春天，新的行政干预理论——监管激励理论应

运而生。该理论将监管视作一种委托代理情况,主要分析的是以监管方和被监管方出现信息不对称为前提如何定义激励框架,即将自由裁量权(discretion)赋予厂商,让厂商缩减成本、提升质量、提高服务水平,使其逐渐向社会福利最大化靠拢。另外,该理论可以降低道德风险,由于是"以轻微之手的监管"(regulation with a light hand),因此监管方式较为简单。[①] 改变了学术界和社会研究监管问题的方式,体现出行政监管的高效率要求。

事实上,以信息不对称为前提,信息的存贮、传播活动由于被监管方边界的变动而不断变化,也强化了被监管市场和厂商的信息优势,这导致很难从企业的成本与盈利来有效地对其进行监管。世界各国都存在这样一个监管难点:怎样构建一个合理的动态市场激励机制才能让被监管厂商客观的展示生产成本,提高服务水平。另外,监管部门存在多层次的监管方向也增加了构建合理激励机制的难度。

二、激励性监管理论的主要内容

(一)激励性监管所要解决的基本问题

在经济性监管中,激励性监管的宗旨为:以信息不对称和监管格局不变为前提,激励被监管厂商提升自身生产和经营效率。一方面,厂商自身生产效率的含义为:厂商可以以低价获得生产要素,以当时的技术水平为前提,获得最优生产规模以及最合理的投入产出结构。另一方面,经营效率的含义为:厂商营业过程中没有人事变更、资金调整等方面的弊端,可以通过最优方法进行销售。

换句话说,上述的监管模式其实是监管部门基于差异化的激励程度,制定出合理的成本赔偿方案,通过转移支付手段根据被监管厂商的真实成本与劳动强度,转移支付给该厂商对应量的货币作为补偿的模式。因为监管部门和被监管厂商间的信息不对称现象,监管部门难以完全了解厂商的劳动成本、服务水平和技术水平,所以很难制定出一个合理的激励框架让厂商具备市场最优的生产水平。事实上,在信息不对称的市场,以委托代理理论为基础制定的行业激励模式,依然会出现"道德风险"及"逆向选择"的弊端。厂商

---

① 王廷惠. 自然垄断边界变化与政府管制的调整[J]. 中国工业经济, 2002 (11).

完全了解自身的制造成本或各种管理费用，但出于自身盈利的考虑，会虚报成本和费用，以提高政府制定的价格上限为意图，这便导致了逆向选择。此外，针对激励模式中的货币赔偿方面，因为监管部门难以掌握厂商的生产情况，无法确定合理的货币赔偿额度，这便导致了监管方与被监管厂商间的博弈，被监管方也会展开对监管机构的"寻租"。由于企业的劳动程度难以量化和引入监管契约，厂商可以适当调整自身的劳动程度，因此监管机构无法准确衡量厂商在提升劳动效率和管理水平方面所付出的努力；针对被监管方，"偷懒"行为难以被查明，给监管机构带来了道德风险问题。因此，监管方应当制定出合理的激励模式，不仅能在一定程度上激励厂商，还能防止厂商投机使用此选择权来谋取自身利益。即因为监管机构与被监管厂商有着各不相同的目的，基于委托代理理论，激励模式的制定其实指的是让厂商具备或多或少的自由裁量权（discretion）来降低信息不对称所导致的逆向选择、道德风险和寻租等弊端。根据业绩数据的最高定价以及价格调节等激励措施，激励厂商去最小化生产成本。美国联邦电信委员会（FCC）以最高价格来替换投资回报率，对市场定价进行监管，而不是监管成本与收益函数，一个重要的改革是美国联邦电信委员会推广到市话交换公司（Local Exchange Companies）的接入费监管。然而，基于监管方存在多层次的监管目的，制定合理的激励机制存在一定难度。当市场中存在信息不对称时，被监管方边界的实时改变、被监管市场以及厂商的信息长处的增强让简单地以厂商成本收益函数制定的激励模式在客观实际中保持合理性和有效性具有一定难度。

（二）激励监管合同的设计

在监管方与被监管方之中，大多数情况下我们都可以发现明显的或模糊的激励契约。激励契约根据激励的程度不同有如下两种形式：强度较高的激励契约和强度较低的激励契约，它们的特征和使用情况各不相同。在信息不对称的市场中，信息租金和激励强度间的关系使得行政机构针对监管契约的制定处于两难境况。高强度激励契约意味着厂商获得的总的补偿金会根据真实成本的变动而变动，从边际的视角来看，厂商承担了高比例的生产费用，例如目前英美等国家采用的最高定价契约；低强度激励契约意味着厂商的生产费用能够获得全部的赔偿，生产费用的改变不会干扰到厂商的盈利情况，如报酬率契约或服务费用等。上述两种情况的内在差异使得监管机构在信息不对称市场中制定监管契约时面临两难的处境：一方面，如果希望降低被监管方的信息租金，那么必须通过减轻契约激励强度的方式；另一方面，如果希望提升激励强度，那么必须赋予被监管方足够的信息租金。基于激励模式的制定过程，可以清楚看出，高强度激励合同使得被监管厂商经过自身的努力，可以获得与生产成本降低额度相同的收益。当然，基于外部原因，情况也相同。换句话说，针对不能控制的外部环境的变动，被监管方变成了所有剩余的拥有者，还能得到充足的信息租金。经过比较，低强度激励契约，虽然能够降低被监管方得到的信息租金，却仅能够使被监管方低意愿地去降低成本。因此，可以看出信息租金和激励强度之间有着特定的均衡关系。

在深入研究传统监管模式的实用性后，我们能够看出，监管机构单纯地重视高强度激励的提高劳动效率及服务水平的优点，但忽略了另一个弊端，即高强度激励使被监管方得到了过多的信息租金及超额利润；监管机构仅仅指责被监管方获得太多的信息租金及盈利，迫使厂商再次进行商谈，对以前的契约进行改动，由此导致监管契约的下降。而处理上述难题的合理方式为：监管机构尽量获得足够多的厂商制造费用等有关的数据，继而为不同种类的被监管方分别制定具有针对性的激励模式。

但是，技术的飞速进步和需求特点的变动使得自然垄断市场的情况也在频繁的变动，由此导致监管机构难以实时、有效地把握被监管方实际制造费用数据以及制定合理的激励模式。当制定合理的激励模式时，监管方需要了解如何合理使用以不完全信息为前提的动态博弈准则，尽量阻止被监管方对自身实际成本的遮掩。以信息不对称为前提，判断厂商种类、降低厂商信息租金的阻碍在于被监管方在大多数情况下有着较监管方更全面的生产制造费用的信息，效益较好的厂商能够以自身低成本的技术为前提，而虚报高成本技术，由此取得较多的赔偿金额。

基于上述原因，当监管方制定激励框架时，需要尽量降低由于信息不对称所带来的被监管厂商获得过多盈利造成的"道德风险"和信息租金损失的可能性，防止效率较高的厂商瞒报自身成本技术情况的发生。出于准确判断被监管方的成本种类的需要，可以采用如下步骤来制定激励框架：监管机构给出两种激励监管契约，即价格上限契约和服务成本契约，被监管机构在上述两种契约中选择一种，当然也可以全部拒绝。我们假定被监管厂商存在高成本和低成本两类技术特征，其中包含外生成本因素，并假定此时在价格上限契约中低成本厂商的超额盈利为零。不言而喻，此时针对效率较低或生产费用较高的厂商，由于价格上限契约仅仅可以满足它们收入等于支出，因而它们必然选取服务成本契约；可是如果高成本厂商同样选取服务成本契约，那么其支出会大于收入。另外，针对生产费用较低或效率较高的厂商，基于该类型的厂商难以从服务成本契约中获得好处，因而会拒绝此契约。使生产费用较高的厂商选取服务成本契约，并让生产费用较低的厂商选取价格上限契约，如此一来，这一激励模式既能确保低效率厂商选取服务成本契约，又消除了高效率厂商的信息租金。当然，此激励模式的缺点是生产费用较高的厂商不存在控制成本的激励。上述模式的制定便于监管机构对被监管方的种类进行区分。不言而喻，以信息不对称为前提，高效率激励模式的制定不仅要鉴定被监管厂商的生产成本情况，针对出现的激励契约如何选择的问题，激励模式还应努力降低信息的不对称性。

一般而言，监管机构与被监管厂商间的信息不对称可以由市场竞争或比较竞争来削弱。例如特许投标制度（franchise bidding），利用在投标阶段的一定程度的竞争，被监管厂商为了保证特许经营权，并不会虚报生产费用，因此最终定价便可以接近平均水平。高效率厂商会获得特许经营权，然而仅可以得到正常利润。比较竞争的理论基础为区域间比较竞争（yardstick competition）理论，以相似市场环境为前提，把特定被监管厂商的盈利状况和其他厂商的盈利情况进行对比，根据比较的结果来制定激励监管的模式。将技术水平接近的被监管厂商放在一起对比分析，能够有效地降低信息不对称程度，同时提升监管契约的激励程度。然而，当实际运用上述监管模式时，各个被监管厂商具备着难以相互比较的方面，因此这一模式的实用性不强。激励契约的构建不仅受监管机构了解被监管厂商实际成本的程度的影响，还受到监管机构对被监管厂商提供的产品品质及服务水平了解多少的影响。高激励契约的不足之处在于其有时会拉低厂商提供产品的品质。由于针对被监管厂商，以高激励契约为前提，提升产品品质将导致成本的上升，假如被监管厂商可以获得全部剩余，且监管契约尚未对如何衡量产品质量进行细致的规定，那么被监管者厂商基于减少成本的考虑便努力减低产品品质，由此降低本厂商负担的用于提升产品质量的费用。经过对比，低激励程度契约没有强迫被监管厂商负担任生产费用，于是被监管厂商乐意向生产质量水平较高的产品以及提高服务水平，以期获得长期且牢固的消费者群体。换句话说，假如监管机构难以细致地给出产品质量以及服务水平的量化方法，或难以严格执行质量标准，那么选取低强度激励契约可以使得产品质量或服务水平维持在一定高度。

上述论述全是基于被监管厂商仅生产一类产品或提供一种服务来制定激励监管模式，但在实际中一般的情况是，自然垄断厂商或公用事业单位要生产或制造多类产品，此时又该怎样激励监管契约呢？假如针对特定的被监管厂商各种生产采用有差异的激励强度，将导致交叉补贴现象的出现。换句话说，被监管厂商有着两种生产业务，针对第一种生产业务，被监管厂商节省1单位的成本所获得的收益高于第二种生产业务，此时若被监管厂商将第一种生产业务的成本降低，并增加第二种生产业务的成本，那么当总成本固定时，被监管厂商得到更多的收益。于是，被监管厂商将努力把第一种生产业务的可变投入适当转移到第二种生产业务中，或将较高比例的共同成本放在第二种生产业务中。出于阻止此类交叉补贴现象，监管机构往往规定被监管厂商分开计算各个环节的生产业务，同时制定出严格的比例来分摊总成本。

（三）影响激励监管合同实施效率的主要因素

在实际运用过程中，激励监管契约的效率由以下两点所决定：

第一点是监管俘虏理论。该理论认为，事实上，不仅监管机构和被监管厂商间有委托代理关系，公众和监管厂商也存在委托代理关系。在后者关系中，在监管契约执行的信息中，监管机构相对于公众来说具备更多的优势。以信息不对称为前提，在监管契约实际执行过程中，监管机构有着更多的自主选择权，因而会带来道德风险。一方面，监管机构或许不能获得被监管厂商的生产制造费用、产品质量以及服务水平的足够信息，这也让激励性监管契约难以根据技术或需求的变动而随时作出调整，使得激励性监管契约失去实用性。另一方面，信息不对称常常带来监管机构的机会主义行为，即凭借自身的信息优势和监督职权以谋取不合法的利润。此外，也会出现一些利益团体向监管机构进行寻租的现象。监管契约的激励强度越强，来自被监管厂商的收买威胁就越大。高强度的激励契约，例如价格上限契约，让被监管厂商得到更多的信息租金。被监管厂商得到的信息租金越多，那么它们越有可能向监管机构寻租。即租金越多，越有可能出现寻租现象。价格上限契约让监管机构在制定价格上限过程中有着较高的自由决策权，监管机构采取的决策左右着厂商的盈利情况。如果监管机构存心瞒报被监管厂商的低成本技术的信息，那么较高的价格上限会给被监管厂商带来更多的信息租金。经过比较可以发现，公众与监管机构间的信息不对称对低强度的激励契约影响较弱，被监管厂商的盈利不会受到太大程度的干扰，因此，该契约面对的被监管厂商寻租的可能性也较小。

第二点是监管承诺的可信性。考虑到被监管契约存在期限以及"棘轮效应"，基于长期视角，被监管厂商得到的赔偿金额常常少于生产成本减少所提高的剩余。依据动态博弈规则，此类对被监管厂商的激励强度必定不断降低。事实上，发达国家的监管合同契约低于5年，价格上限契约大多也是如此。较短的契约期限便于监管机构按照自身获得的成本变化信息随时调整激励性监管契约。被监管厂商面临着更加严格的规定，由此带来的"棘轮效应"惩罚了高效率企业。从长期来看，被监管厂商不一定可以获得来自成本节省的所有剩余，于是导致监管契约激励强度的弱化。同时，使用以前的契约让被监管厂商收入低于成本，徘徊于破产的边缘，于是，在契约到期前，被监管厂商便会期望对监管契约进行适当的调整，防止自身的生产活动进一步恶化，因此监管机构有时会答应被监管厂商的这一诉求。另外，若被监管厂商获得较高的盈利，监管机构则会被其压迫，从而对契约进行调整。上述情况都会让监管机构和被监管厂商提早展开商议并对契约进行调整，由此使得"棘轮效应"更为严重。基于实际监管的视角，对契约的再次商议或调整常常对推动被监管厂商减少生产成本没有好处，却有利于低效率的被监管厂商。综上所述，监管契约承诺可信性的增加利于提升监管契约的执行效率。

三、几种具体的激励性监管政策

存在多种激励方法促使厂商改善自身生产效率，这些方法大体总结如下：一方面为引入竞争，让厂商努力提升自身生产效率；另一方面是向厂商提供奖励以引导厂商提升生产效率。具体方法有：特许投标制度、区域间比较竞争、社会契约制度、成本调整契约和最高限价监管等。

（一）特许投标制度（franchise bidding）

特许投标竞争理论指依靠竞争的非直接监管理论，重视在行政监督中引入竞争，采用拍卖的方法，使多个厂商抢夺特定业务或市场中的特许经营权，以满足一定的产品质量为前提，报价最低的厂商获得特许经营权。因而可将特许经营权视作对能够在最低定价时生产同样产品或提供同样服务水平的厂商的一种补偿形式。通过此方法，当在投标阶段竞争较充分时，拥有特许经营权的厂商仅仅可以拿到正常利润，从长期来看，难以保持高额的垄断性盈利。事实上，此类监管制定在某些市场中有着显著的成效。比如，伦敦商学院于1986年进行的研究指出，针对街道打扫、垃圾处理等公共性市场，英国政府推行竞争投标制（competive tendering，一种具体的特许投标方法），不仅保证了服务质量，还减少了接近20%的费用。但是，特许投标制不是万能的，由于在投厂商或许会相互勾结，在投标厂商个数较少的情况下，越有可能进行勾结；另一方面，某个厂商，由于以前的在位企业在竞争特许经营权中有信息优势，其他厂商不想同其竞争，带来了投标阶段竞争不够充分、资产转让中的定价问题和特许合同的款项与管理问题。

（二）区域间比较竞争（yardstick competition）

与上述方法一样，区域间比较竞争也是指间接依靠引入竞争的实行激励监管的模式，将盈利情况、生产规模相似的厂商放在一起对比分析，把其中的高效率厂商视作参照系，让某一地区的厂商在被其他地区厂商盈利的引诱下努力提升自身效率的方法。若特定厂商获得了较好的经营绩效，那么监管机构便能够将其作为标准来引导区域内其他厂商来提升效率。区域间的比较竞争具备此类监控能力。然而，监管机构需要保证可以得到在维持高效率经营时生产成本和服务水平的信息，否则难以制定最优的激励监管模式。区域间比较竞争并非指某一行业各个厂商彼此直接竞争，而是指地区间垄断厂商的间接竞争。同样，此时还要考虑竞争发挥作用的大小。此外，区域间比较竞争由于规定要在相似市场环境下的厂商间进行对比，因此在实际执行过程中常常受到限制。

(三) 社会契约制度 (social contract)

社会契约制度这一激励性监管模式凭借其优秀的实用性备受瞩目，它指的是美国在电力市场推行的社会契约制度，也可称作成本调整契约。具体的实施步骤为：当监管机构和被监管厂商间制定收费时，针对设备运转率、热效率、燃料费、外购电力价格、建设费等订立契约，若可以获得比契约中标明的绩效更好，就奖励被监管厂商，否则就对其实施处罚。

经济学界在政府监管理论中引进委托代理理论、信息不对称等，以此构建激励性监管理论。但是因为监管机构、被监管厂商之间有着严重的信息不对称现象，它们中的博弈很可能出现道德风险、寻租、逆向选择等情况，政府监管理论制定的激励模式，为的是引导、鼓励被监管方（一般指厂商）优化生产效率和提高市场盈利能力。激励性监管主要囊括价格上限监管理论、区域间比较竞争理论、特许投标理论等（王俊豪，1999；陈富良，2000）。陈富良（2004）指出，对比公共利益理论和监管俘虏理论，激励性监管理论偏重于处理监管机构和被监管机构间信息不对称或委托代理情况，还包括因此带来的寻租、道德风险、逆向选择等问题。激励性监管理论综合了市场和政府两方面的优势，该理论不仅不会干扰微观层面的厂商生产活动，为厂商创造足够的市场空间，通过市场来调整厂商行为，还可以利用监管机构制定的各种激励性目标、激励政策等让被监管厂商向监管机构预期的社会目标靠拢。

四、国际石油行业监管现状

国外石油市场的行政监管一般包括监管法规及监管主体两方面。本部分整理了国内外针对美国、巴西、西班牙、挪威等几个国家行政监管方面的研究成果，这些成果总结分析了上述国家石油市场政府监管法规政策以及监管机构的情况，为我国石油市场的在这些方面的完善提供了借鉴。例如美国石油市场的法律较为完备，覆盖了石油生产与加工领域、环境安全等多个角度，每个角度又能被分成联邦法律和州法律。美国石油市场的众多法律在颁布之初便为欧美其他国家在相同方面制定法律提供了重要的借鉴。

美国石油勘探与开采领域的法律囊括了联邦以及州制定法律。联邦制定的法律不仅包括单独用来监管上游市场的《美国矿产租约法》（1920 年颁布，后多次调整)、《美国外大陆架土地法》(1953年颁布)和《美国水下土地法》(1953年颁布),还包括和上游市场有关的法律《美国石油和天然气权利金管理法》和《美国深水区权利金减免法》等。(陈丽萍,2007)指出,《美国矿产租约法》(1920年颁布,后多次调整)被看作美国管理上游石油矿产资源的主要法律,《美国外大陆架土地法》(1953年出台)与《美国水下土地法》(1953年出台)着重限制了美国海上石油的勘探与开采市场(陈立滇,2009)。《BP能源统计年鉴》显示,美国是全球石油资源最多的国家之一,然而因为石油不可再生的特征,美国出台了《美国石油和天然气权利金管理法》《美国深水区权利金减免法》,用于向该国海上及陆地石油资源收缴权利金(张志强,2010;李男,2008)。美国政府强制介入了石油市场,例如《谢尔曼法》《石油紧急分配法》《能源政策与节能法》等(罗兰·普里德尔,2001)。而州层面法律或法规包括《得克萨斯州自然资源法典》《加利福尼亚州公共资源法典》等,用于控制本州范围的陆地石油储备或本州掌握的海上石油资源,限制民营厂商涌入石油勘探与开采市场。

  基于美国石油产品质量监督的法律同样包括联邦政府及州政府两个角度。基于前者的法律为《美国清洁空气法》(1963年颁布,后数次调整)和《美国能源独立与安全法》(2007年颁布,2009年调整)。(黄衔鸣、蓝志勇,2015)的研究指出,《美国清洁空气法》是美国政府考虑到石油勘探与开采、石油炼化或加工、原油成品油运输等环节对大气层有危害于是限制其排污行为的法律,该法在出台后为欧美国家规制空气污染提供了重要的参考。《美国能源独立与安全法》则是源于《美国国家能源法》(1978年颁布,继而颁布了更详细的法案)和《美国能源安全法》(1980年颁布,2003年调整),此法案旨在呼吁美国能源独立,降低对进口能源的依赖性,保证国家能源安全(杨泽伟,2010;王北星,2010)。此外,国家层面的法律还包括美国环保署(EPA)出台的标准及法规(刘剑平,2000),如规定汽油最高含苯量、柴油排放标准等(钱伯章,2006;邓泽英,2001)。美国政府关于石油市场商品质量的监督不但有汽油、柴油、煤油等主要石油商品,而且还有专用于对润滑油、溶剂油等其他商品的监督,比如《美国有毒物质控制法》(1977年由EPA颁布,2011年调整)(高桂华、聂晶磊、孙强,2010;赵瑞,2009)。在州法规层面,2009年加利福尼亚州首先颁布低碳燃料标准

(LCFS)，在2011年，另外11个州也不断根据低碳燃料标准（LCFS）签署共同协议，并出台低碳环保共同计划框架草案（许建耘，2015）。随后根据这一协议，多个州继而不断添加多个条款来提升石油燃料排放标准（黄丽敏，2015）。

　　大体而言，美国石油市场的监管机构有联邦政府及各州政府，为二级管理体制。联邦政府由美国内政部（DOI）牵头来监管石油市场，主要针对的是跨州石油厂商及项目，而州政府层面是由拥有原油资源的州各自监管州内厂商或项目（宦国渝、孙剑，2002；杨嵘，2011）。不管是联邦政府或是州政府，该国石油市场的监管覆盖了石油生产与加工的各个领域。该国内政部内建立了数个部门对石油勘探与开采业务进行监督管理，包括：安全和环境执法局（BSEE）、土地管理局（BLM）、自然资源收益办公室、海洋能源管理局（BOEM）和印第安事务局等。显然，安全和环境执法局（BSEE）负责对该国石油市场勘探与开采环节的安全性和环保（龚腊芬，2001），土地管理局（BLM）负责该国陆地石油勘探与开采业务的监督管理（胡德斌，1999），自然资源收益办公室负责海上及陆地石油生产权利费用的收取，印第安事务局主管印第安地域的石油勘探与开采业务。基于州政府方面，大多掌握石油资源的州政府都建立了监督管理石油市场上游业务的部门，如得克萨斯铁路委员会（RCT）、加利福尼亚州油气和地热资源局、阿拉斯加州石油和天然气资源局等。

　　美国石油管输业务监督管理部门的建立旨在为这一领域新的厂商涌入市场构建公平的市场环境。这也是由于此业务本身的自然垄断特征（罗兰·普里德尔，2001），且该国石油领域具备较好的市场化水平，只需在石油管道市场采取适当的价格控制，旨在为该国石油管输市场构建没有歧视的接入环境（杨嵘，2004）。同法规政策相似，该国石油管输市场的监管部门同样包括联邦政府和州政府两个方面，联邦政府的监管部门为美国联邦能源监管委员会（FERC）。该委员会负责美国国内州与州之间石油运输管道业务以及运输过程的监督管理，主管州与州之间石油管输市场上的价格控制，根据特定的规则给出适当的价格或价格范围，创造公平的市场环境以便于新厂商进入市场（中石油赴北美考察报告，2010）。不仅如此，该委员会又制定了参与石油管输领域的厂商公开收费业务，每到固定时间段便对这些厂商进行审核，详细检查它们的财务情况。然而，美国联邦能源监管委员会却不负责输油管道的施工、延伸或废气等业务。州政府方面是以独立州内的石油管道为范围进行石油市场监管，即此类输送石油的管道要得到各州及地方法规的批准，而不会受到美国联邦能源监管委员会的管制（赵德贵，2005）。

美国石油炼化市场的监督管理部门被联邦政府和州政府共同监管。美国国家环境保护局（EPA）是石油炼化市场最重要的监管部门，负责为石油炼化生产造成的废水废气设立一定的排放标准以及对上述标准的执行情况进行监督等。（何维庄、徐碧萱，1983）。此外，美国国家环境保护局还要为汽车燃料、燃料添加剂成分来设立标准。且该石油炼化项目还需与当地的空气质量标准及环境安全标准所契合。美国各州不但具备专门为石油炼化的质量划定准则，而且还有特地监控石油炼化废弃污染物达标与否的部门，如美国加州环境资源局（CARB）于2012年出台了当地的汽车排放标准GHG，这一规定的实行的时间段为2017~2025年。按照推测，美国因这一规定在此时期排放率将下降35%（黄丽敏，2013）。此外，该国石油市场监督的一个优点是其自主性，美国石油行业监管委员会是独立的监督管理部门，不受控于联邦政府，同样不会被美国石油厂商干扰，委员会成员离任或退休后依然不允许就职于任何石油公司，这也适当维持美国石油市场监管部门的独立性（杨嵘，2004）。

《挪威国家石油法》（1996年颁布）为挪威石油市场的主要法律，当然一些其他相关法律也给予适当的弥补，如《挪威石油税法》（1992年出台）、《挪威环境污染保护法》和《挪威工作环境法》等（高世星，1994）。该国石油法管理并限制了石油市场的主要生产与加工环节，囊括了石油勘探与开采业务许可证办法、石油市场的参与和撤出、油田开采设备建造、石油区块约束等；该国法律许可石油勘探与开采许可证的转移和抵押，然而这一活动要得到挪威能源部的专门审批，经审批后的被转移机构或抵押机构应负责对应业务、国家石油安全、环境保护等（卢爱珠、王震，1994）。孙少光（2006）和董国永等（2000）指出，国家石油安全、健康、环境法律体系（HSE）为该国石油市场的另一重要法律框架，有以下五个层面：国家法律、行政条例、指南方针、实施准则和企业内部准则（孙少光，2006；董国永 等，2000）。

挪威建立了国家石油理事会（NPD）及石油能源部。挪威石油市场往往被石油能源部根据国家石油理事会的规定予以监督管理，同时根据《挪威石油法》来审批该国石油勘探与开采领域的从业资格，给予通过审批的石油厂商生产许可（王谧，2007）。针对石油管道运输市场，《挪威石油法》制定了准许第三方厂商自行接入的运行机制，市场双方能够自行商议接入条件，若在一段时期中双方难以协商解决问题，那么石油能源部便会实行第三方介入。挪威石油安全局（PSA）负责石油生产与加工环节中健康性及安全性，着眼于监管已拿到生产许可的石油厂商的运营环节，同时给予厂商市场引导，能够基于石油市场许可证颁发、监管机构设置等问题给出意见（王越 等，2009）。

西班牙能源部是该国石油市场的监督管理部门。1999年该国政府建立国家能源委员会（CNE）以及推动市场竞争的辩护法庭（TDC），受能源部管理，CNE负责该国石油市场结构和公平竞争的实行，约束行业内大型厂商的投机活动，TDC主管反垄断及竞争中的投诉情况，当石油厂商在行业竞争时中受到不公正待遇或其他石油市场恶意使用市场势力影响市场公平，石油厂商便能够向TDC投诉这一不公平现象，TDC给予控诉双方所进行辩护，假如出现了恶意使用市场势力的情况，处理的方法一般为反竞争的纵向约束，如约束石油半成品的转售定价、基于品牌采用的单边延伸等。西班牙石油市场社会的监督力量也有着重要作用。如相关学者及社会舆论已然迫使政府实施某些手段，如取消对加油站间的最低距离的约束、准许价格自由变动、便于开放服务站发展的财政举措，旨在废除对潜在市场进入者的行政及市场进入阻碍（Bello & Cavero，2008）。西班牙石油市场进入壁垒主要由政府保护主义所导致，以保证国有石油厂商的盈利。由于政府行政鼓励，雷普索尔（Repsol）出于保护自身市场份额，从而约束目前的竞争厂商以及潜在的竞争厂商。而行政壁垒指的是该国政府颁布的各种法律及行政规范，如1998年该国颁布《油气法》（Hydrocarbor Law，10/7/1998），该法为西班牙石油市场的最高监管准则，指出当前该国石油市场中的竞争性依然不足，政府依法有权经申请来约束最高零售价格（Bello & Huerta，2007），旨在控制消费者的终端商品价格在合理范围内。

阿根廷石油市场主要的监管机构为油气监管委员会（Enargas），该机构受阿根廷财政与公共事务部管辖的能源秘书局管理，是相对独立的政府监管机构；在石油市价监管上，该国政府放开了对全部的原油、成品油进出口的限制，实行全盘市场化，并大范围地对国有垄断石油厂商进行私有化的改革，调整后的石油厂商脱离了政府垄断（李晓东，2001）。在尼日利亚石油市场支撑了该国的经济发展，而国内石油市场被尼日利亚国家石油公司所控制，针对石油市场的监管一般依据石油工业法案（草案），但是监管部门体系却比较分散，缺少统一性和有效率的监管体系。这也带来寻租、石油市场投资缺乏和政府财政吃紧等弊端（Ambituuni，2014）。

通过细致分析许多国家的石油市场情况，国内外专家指出，当前国际石油市场的行政监管偏重于相关法律法规的制定与完善以及监管部门的建立与调整。但是即使法规政策频繁颁布、行政监管机构众多，国外石油市场依然不断涌现寻租、能源安全等现象，一个重要原因是这些国家石油市场的行政监督管理机制尚需改进。国家石油市场的行政监管机制大多围绕《石油法》，再配合其他法律规定为参照，行政监管部门由国家能源部门主管，下属机构是具体的执行机构。当然，也有的国家设有独立部门来负责监督管理石油市场，如美国石油市场监管委员会。

五、中国石油行业政府监管现状

我国石油市场尚未建立独立、公开、公正的行政监管体系。当前国内参与石油市场监督管理的国家部委及其直属部门有十余个之多，时常出现职能分散、政出多门等现象，缺少独立或较为独立的行政监管部门；法律体系也不健全，石油市场执法急需法律依据（郑燕，2007；冶晓娜，2006）。针对市场准入的管理，当前我国石油市场采用严格的审批制度。若某一企业准备参与石油炼化市场，首要条件是具备适当的炼化产能，继而原油的来源要可靠，同时符合政府的环保要求，上述的条条框框制约了很多企业参与石油炼化市场。针对石油市场定价监管，我国采用政府定价的方式，其依据为国家发改委发布的《成品油价格管理办法》（2013）。李亚楠（2011）认为，政府对石油市场的价格干预造成了价格扭曲现象，难以体现市场真实供求情况。针对环境监管视角，政府给各石油厂商分别规定各自的排污指标，且可在划定的机构合法交易（张雄化，2012）。

总而言之，虽然相关文献的研究成果获得了很多学者的认可，然而某些研究依然是争议的焦点。第一，缺乏从国际视角出发对中国石油行业生产率的研究。我国石油市场生产率计算的相关研究也不少，然而只关注规范分析，忽略了实证分析，即便包含部分实证，也缺少和国际石油厂商的比较分析，石油市场的全球化浪潮使得在封闭环境中所进行的分析是不充分的，甚至完全错误的。第二，我国石油市场的结构需要细化。当前许多学者均指出，我国石油市场是垄断的，且行政垄断和自然垄断并行。已有研究初步对石油市场的自然垄断业务和行政垄断业务进行区分，但仍然存在分歧。本书将以我国石油市场的技术经济特征为基础，以期在这一方面进行深入的探析。第三，我国石油市场监管依然有许多弊端，目前的监督管理体系急需改革。许多研究均认为，我国石油市场的行政监管缺少法律基础和独立性，然而如何解决这一问题学术界尚未达成一致，还未建立有效的监督管理体系。本研究将对我国石油行业生产率进行测算，估算效率损失；同时根据该行业的技术经济特征，提出我国石油市场监管体系的建议。

第二章
中国石油行业生产率国际比较

  石油，是不可再生资源，其发展主要依靠行业技术水平的进步，体现在石油生产方面，即效率的提高。该产品与其他产品相比具有明显的不同，相关石油企业研究结果表明：属于技术可开采量的石油储量只占石油储量的一部分，也就是说，在当前技术水平条件下，已探明石油储量中部分属于不可开采的范畴。即便在当前技术水平条件下，有些石油区域可进行开采，然而，当石油开采成本大于其开采收益时，应选择放弃对该石油区域的开采。但是，当开采收益大于开采成本时，该石油区域可被开采，并称其为经济可开采区域。石油作为不可再生能源之一，其资源储量是一定的。然而，随着石油开采技术的不断进步、生产效率的进一步提升，在一定范围内石油的可开采规模也在不断扩张。因此，就石油产业来说，生产效率的提升是市场进步的主要原因。

  由以上可知，有关石油产业的生产效率问题在其未来产业发展过程中起重要作用。与此同时，随着产业经济全球化的快速发展，石油产业的国际化趋势越来越显著。因此，要想取得快速发展该产业应当从国际角度出发。行业发展应着眼于国际视角。中国在加入世贸组织时曾承诺，将在一段时期内削弱市场壁垒，并逐步将石油提炼、石油批发与零售、石油勘探与开采等主要业务走向国际。当石油产业市场壁垒降低之后，国际石油公司的数量也会逐渐增加。当然，中国的石油公司将逐步开始在国外市场开展相关业务，从而进入国际市场的行列。反过来，国外的一些石油公司也将会进入我国石油市场。所以，我们应当全面、客观地衡量石油企业的生产效率，即不仅考虑国内市场，也要从国际视角出发，与跨国石油企业进行比较分析。

第一节　生产率测算方法及计算指标选择

一、生产率测算方法

从20世纪20年代末，为便于分析生产效率，美国数学家柯布（Cobb）和经济学家道格拉斯（Doyglas）提出生产函数这一名词，并用1899~1922年生产情况资料导出著名的柯布－道格拉斯生产函数以来，不断有新的研究成果出现。使生产函数的研究与应用呈现长盛不衰的局面。把生产函数F（X）具体化，可以得到多种常用生产函数的具体形式。其中较为常用的有柯布－道格拉斯生产函数（C－D生产函数）、线性生产函数、列昂惕夫生产函数、固定替代弹性生产函数（CES生产函数）和超对数生产函数（Translog生产函数）。

针对劳动生产效率，主要有以下两种生产率测算方法：①单位劳动投入产出。传统的劳动生产率，即基于产出/劳动投入公式出发的单要素劳动生产率，一般使用以元为单位的劳动投入所创造的实物价值数量作为产出，使用以人·年为单位的劳动者数量作为劳动投入，由此劳动生产率的单位表示为"元/人"，反映了个体劳动者所拥有的素质差异，而不能体现劳动投入成本的大小。劳动者素质同产品的技术密集程度高度相关，劳动生产率单纯地使用劳动投入的数量无法真实体现劳动者素质差异。②单位劳动增加值。单位劳动增加值反映了劳动投入的成本，而未反映传统劳动生产率所体现的劳动者素质。劳动成本因素受企业所处地域的影响很大，与当地经济环境、劳动力丰裕程度以及平均收入水平的相关度都很高。相比较而言，全要素生产率的测算，考虑的是移除其他有形生产因素的影响，表示的是一个系统的总产出量与全部生产要素真实投入量之比，可以从本质上把握生产效率的变动。

二、全要素生产率测算指标选择

全要素生产率作为衡量生产效率的指标，反映的是去除所有有形生产要素以外的其他因素所导致的生产效率提高。全要素生产率提高的主要来源包括：公司效率的增长、公司或社会技术的提升、公司或产业规模效益的增加。

由此可见，石油产业要想获得快速发展，就要不断提高公司效率、技术进步和规模效益。因此，全要素生产率能够有效衡量石油公司、产业的发展。

有关全要素生产率的研究方法主要分为柯布－道格拉斯生产函数法、CES生产函数法、非参数DEA方法和参数的前沿生产函数方法（包括随机前沿函数法和确定性前沿函数法）。魏静等将我国国内石油企业分为民营和国有企业两种类型，并使用数据包络－曼奎斯特（DEA-Malmquist）指数算法分别测度了两种类型企业在2008~2014年间的全要素生产率（魏静，2015）；白媛运用柯布－道格拉斯生产函数法测算了我国石化产业的全要素生产率（白媛，2012）；钟世川采用CES生产函数法对工业企业的全要素生产率增长进行了测度（钟世川，2014）；范剑勇使用随机前沿分析方法（SFA）对企业全要素生产率进行估算（范剑勇，2014）；刘毅在对我国化石能源加工产业的全要素生产率进行测算时使用了超对数随机前沿模型（刘毅，2013）。

本书主要选择非参数形式对石油产业的生产效率进行测度，即非参数的DEA-Malmquist指数方法。使用DEA-Malmquist指数方法的原因主要有以下三个方面：第一，与其他研究方法相比，不用提前设定函数形式以及预先赋予权重。而其他方法在预先设定函数形式及赋予权重的基础上还要求解回归系数，通过比较回归系数的大小和正负最终确定解释变量对被解释变量的影响程度。然而，DEA-Malmquist指数方法无须设定函数形式，也无须提前主观赋予权重。因此，能够最大限度地排除主观因素的影响。第二，该方法对处理多投入、多产出问题非常适用，并且对投入、产出指标也无须进行量纲化处理。资本投入和劳动投入是石油生产过程的两种投入方式，其产出形式包括各类成品油、各类化工产品等，但以上指标单位存在不一致性。通常来说，在对相关数据进行回归分析前需要对被解释变量和解释变量的数据单位进行统一，即需要进行量纲化处理，但是DEA-Malmquist指数方法不需要进行量纲化处理，不仅能够简化运算，而且还能防止在数据处理过程中出现错误。第三，无须考虑价格因素，能够用来纵向或横向研究多个区域。在很多计算中需要获得价格数据，但石油商品的定价不是由单一因素决定的，还会受到很多非市场的要素的影响，比如政治因素，且被非市场因素干扰过多的指标难以进行比较分析，会让结论不够准确。而DEA-Malmquist指数方法去除了对价格的考虑，可以有效克服上述弊端。

第二节　石油行业全要素生产率测算模型设计

DEA-Malmquist 指数方法作为一个测量多投入、多产出的非参数测算方法，能够用来计算企业的全要素生产率。这一方法是斯腾·曼奎斯特（Sten Malmquist）于 1953 年率先研究使用（Malmquist，1953）；之后谢泼德（Shephard）根据这一方法提出和阐述了距离函数（DF 函数），也可称作投入距离及产出距离函数（Shephard，1970）；1982 年数位学者（例如 Caves，Christensen，Diewert 等，1982）率先试图利用曼奎斯特（Malmquist）指数方法来研究生产效率变化测算等方面，建立了生产效率测算理论模型；1994 年费尔（Rolf Fare）、格罗斯科夫（Grosskopf）等学者综合考虑了 Malmquist 指数和 DEA 数据包络分析的方法，得到了 DEA-Malmquist 指数方法，并以此方法分析公司的生产效率；之后又被推广到分析数个行业的全要素生产率，又或是对比分析若干国家、地区的全要素生产率比较（Fare & Grosskopf et al.，1994）。

基于一个有效评价单元（DMU），假定存在 M 种投入要素 $x_k \in R_-^M$，N 种要素产出 $y_k \in R_+^N$，$t(t=1,2,\cdots,T)$ 时期的技术水平为 T_k，因此可以得到 T 个 DMU 观测点 (x_k^t, y_k^t)，$t=1,2,\cdots,T$。我们定义 t 时期的生产技术为：

$$T_k^t = \{(x_k^t, y_k^t) \mid x_k^t \text{ 可以生产出 } y_k^t\} \quad (2-1)$$

以有效评价单元（DMU）的规模报酬不变为前提，式（2-1）能够重新表达为：

$$T_k^t = \left\{ \begin{array}{l} (x_k^t, y_k^t): \sum_{s=1}^{t} z^s y_{kn}^s \geq y_n, n = 1,2,\cdots,N \\ \sum_{s=1}^{t} z^s x_{km}^s \geq x_m, m = 1,2,\cdots,M \\ z^s \geq 0, s = 1,2,\cdots,t \end{array} \right\} \quad (2-2)$$

式（2-2）指出，t 时期的生产水平不但符合当期生产要求，而且符合之前 $t+1$ 期的生产要求，同时符合上述条件的生产集在当前技术水平下是存在的，上述生产集的边界即生产技术前沿面。在拟合获得公司生产技术前沿面后，依据谢泼德（Shephard）于1989年提出的方向距离函数，我们能够计算出 DMU 在 t 时期的技术效率，引入谢泼德方向距离函数为：

$$D_k^t(x_k^s, y_k^s) = \inf\{(\theta_k^t(x_k^s, y_k^s)) : (x_k^s, y_k^s) | \theta_k^t(x_k^s, y_k^s) \in D_k^t\} \quad (2-3)$$

式（2-3）的方向距离函数定义了当前技术与生产技术前沿面的距离，表明当前技术和期望状态的差距。仅假定 $\theta_k^t(x_k^s, y_k^s) = 1$ 时，生产集 (x_k^t, y_k^t) 处于生产技术的前沿面，且本书假定基于技术视角的生产效率较高；若 $\theta_k^t(x_k^s, y_k^s) > 1$，那么投入与产出 (x_k^t, y_k^t) 处于生产技术前沿面内部，基于技术视角，存在无效率的生产。同样我们能够获得 $t+1$ 时期的方向距离函数 $D_k^{t+1}(x_k^{t+1}, y_k^{t+1})$。依据 Malmquist 指数，其表达式如下：

$$M_0^t = D_k^t(x_k^{t+1}, y_k^{t+1}) / D_k^t(x_k^t, y_k^t) \quad (2-4)$$

式（2-4）测量了以 t 时期的技术水平为基础的全要素生产率从 t 期到 $t+1$ 期的变动。同样能够计算出 M_0^{t+1}，指的是将 $t+1$ 时期的生产技术作为标准，全要素生产率从 t 期到 $t+1$ 期的变动，公式如下：

$$M_0^{t+1} = D_k^{t+1}(x_k^{t+1}, y_k^{t+1}) / D_k^{t+1}(x_k^t, y_k^t) \quad (2-5)$$

出于降低 Malmquist 指数的随机性，本书使用 M_0^t 和 M_0^{t+1} 的几何平均数来计算生产率的变化，公式如下：

$$M_0(x_k^{t+1}, y_k^{t+1}; x_k^t, y_k^t) = \sqrt{M_0^t \times M_0^{t+1}} \quad (2-6)$$

将式（2-4）与式（2-5）代入式（2-6），我们能够得出如下公式：

$$M_0(x_k^{t+1}, y_k^{t+1}; x_k^t, y_k^t) = \frac{D_k^{t+1}(x_k^{t+1}, y_k^{t+1})}{D_k^t(x_k^t, y_k^t)} \times \left[\frac{D_k^t(x_k^{t+1}, y_k^{t+1})}{D_k^{t+1}(x_k^{t+1}, y_k^{t+1})} \times \frac{D_k^t(x_k^t, y_k^t)}{D_k^{t+1}(x_k^t, y_k^t)}\right]^{1/2}$$
$$\times \left[\frac{D_k^{t+1}(x_k^t, y_k^t)}{D_k^{t+1}(x_k^{t+1}, y_k^{t+1})} \times \frac{D_k^t(x_k^t, y_k^t)}{D_k^t(x_k^{t+1}, y_k^{t+1})}\right]^{1/2} \quad (2-7)$$

若指定：

$$TECHCH = \frac{D_k^{t+1}(x_k^{t+1}, y_k^{t+1})}{D_k^t(x_k^t, y_k^t)}$$

$$PECH = \left[\frac{D_k^t(x_k^{t+1}, y_k^{t+1})}{D_k^{t+1}(x_k^{t+1}, y_k^{t+1})} \times \frac{D_k^t(x_k^t, y_k^t)}{D_k^{t+1}(x_k^t, y_k^t)} \right]^{1/2}$$

$$EFFCH = \left[\frac{D_k^{t+1}(x_k^t, y_k^t)}{D_k^{t+1}(x_k^{t+1}, y_k^{t+1})} \times \frac{D_k^t(x_k^t, y_k^t)}{D_k^t(x_k^{t+1}, y_k^{t+1})} \right]^{1/2}$$

则式（2-7）可写为：

$$M_0(x_k^{t+1}, y_k^{t+1}; x_k^t, y_k^t) = TECHCH \times PECH \times SECH$$

即：

$$TFP(Malmquist) = TECHCH \times PECH \times SECH \quad (2-8)$$

式（2-8）中，TECHCH 测算了有效决策单元 DMU 的技术进步程度，PECH 测算了以规模报酬可变（VRS）为前提的效率变动，SECH 表示有效决策单元 DMU 的规模效率。PECH × SECH 表示以不变规模报酬（CRS）为前提的效率变动，能够以 EFFCH 表示。

式（2-8）同样能够以如下公式表述：

$$TFP(Malmquist) = TECHCH \times EFFCH \quad (2-9)$$

到这里，本书获得了根据 Malmquist 指数测算的全要素生产率的公式：

$$\begin{aligned}
TFP(Malmquist) &= TECHCH \times EFFCH \\
&= \frac{D_k^{t+1}(x_k^{t+1}, y_k^{t+1})}{D_k^t(x_k^t, y_k^t)} \times \left[\frac{D_k^t(x_k^{t+1}, y_k^{t+1})}{D_k^{t+1}(x_k^{t+1}, y_k^{t+1})} \times \frac{D_k^t(x_k^t, y_k^t)}{D_k^{t+1}(x_k^t, y_k^t)} \right]^{1/2} \\
&\quad \times \left[\frac{D_k^t(x_k^t, y_k^t)}{D_k^{t+1}(x_k^{t+1}, y_k^{t+1})} \times \frac{D_k^t(x_k^t, y_k^t)}{D_k^t(x_k^{t+1}, y_k^{t+1})} \right]^{1/2}
\end{aligned} \quad (2-10)$$

式（2-10）中全部的方向距离函数的求解均能够转变成线性规划的最大化情况，即：

$$D_k^t(x_k^s, y_k^s)^{-1} = \max \theta^k$$

$$\text{s.t.} \begin{cases} \sum_{s=1}^{t} z^s y_{kn}^s \geq \theta^k y_n, n = 1, 2, \cdots, N \\ \sum_{s=1}^{t} z^s x_{km}^s \geq x_m, m = 1, 2, \cdots, M \\ z^s \geq 0, s = 1, 2, \cdots, t \end{cases} \quad (2-11)$$

依据式（2-11）计算出方向距离函数 $D_k^t(x_k^s, y_k^s)$ 后，将其代入式（2-10）便可获得根据 Malmquist 指数方法测算的全要素生产率。

第三节　全球石油行业全要素生产率计算

上节主要基于 Malmquist 指数构建了全要素生产率的计算模型，本节将使用该行业的实际数据对该模型进行验证。事实上，厂商的全要素生产率是相对值，因此，对相对参照系的选择具有较高要求。同时，为迎合石油产业日益升温的全球化进程，本书在对石油企业的全要素生产效率计算时选取了国内外两种企业的数据。通过对比，分析中国石油行业的技术效率与国际技术效率相比存在的差距。

本书以 16 个国际大型石油企业在 2000～2016 年的数据为样本进行测算分析。在选取国际企业时，我们主要遵循以下原则：在位列 2015 年福布斯排行榜前 20 的国际石油企业中，去除非上市企业，原因是其数据的真实性不高；另外，有些企业在生产石油的同时也会生产天然气，假如天然气生产量占比较高或石油生产量占比偏低，将不属于本书样本选取的范围。经过彻底的数据筛选，最终选取其中的 16 家石油企业作为我们的研究对象，分别为中国的中石油、中石化和中海油，申请在国外注册的石油企业有：英国石油公司（BP）、荷兰壳牌石油公司（Shell）、法国道达尔石油公司（Total）、意大利埃尼集团石油公司（ENI）、巴西国家石油公司（Petrobras）、西班牙雷普索尔石油公司（Repsol）、挪威石油公司（Statail）、美国埃克森美孚石油公司（Exxon Mobil）、美国雪佛龙石油公司（Chevron）、墨西哥石油公司（Permex）、美国康菲石油公司（Conocophillips）、俄罗斯石油公司（Rosneft）、马来西亚石油公司（Petroliam）。以数据统计口径不变为前提，尽量扩大样本范围，同时考虑到部分石油企业在 2000 年前还未上市，因此我们将样本范围定为 2000～2016 年。

在计算技术效率时，我们以石油企业的总收入作为产出数据，另外，投入数据的选取为资本投入和劳动投入。其中，以石油企业的总收入指标作为产出数据的选择主要是因为其总收入中的很大一部分都与石油紧密相关。因此，石油企业产出数量的变动可以通过该企业总收入的变动情况来衡量。本书不以主营业务收入作为企业产出数据指标主要有两方面的原因：一是在国际通用财务模板中并没有收录主营业务收入数据；二是其他业务收入作为企业收入的一部分，也被视为企业产出。本书不以企业净利润作为产出指标是因为国际石油企业在不同国家具有不同的税率，而收入指标能够合理规避因税率差异产生的误差。在选择投入指标时，依据柯布－道格拉斯生产函数，基本投入包括资本投入和劳动投入两种方式，因此我们基于这一规定进行投入指标的选择。本书以资本存量作为资本投入指标的量化，对资本存量的估算方法借鉴了张军等的算法（张军，2004）。经济折旧率在资本存量的计算过程中起着至关重要的作用，我们参照了多数学者（Perkins，1988；胡永泰，1998；王小鲁，2000；Wang，2001）对每年5%的经济折旧率的假定。本书以石油公司的劳动人数作为劳动投入指标的选择，之所以选取劳动人数而不是职工工资主要是职工工资易受较多因素的影响，例如，国家发展水平、地区消费水平、区域差异等，易导致石油公司间的对比存在差异。

本书首先基于Osiris全球上市公司分析库、世界银行数据、世界统计年鉴和国际货币基金组织数据库作为数据来源。其中，投入产出数据选自Osiris全球上市公司分析库，不同国家的投入产出数据依据当年世界银行发布的汇率转换为千美元。其次，为了消除通货膨胀因素的影响，我们以各个国家的GDP缩减指数或GDP平减指数进行平减，GDP缩减指数或GDP平减指数均选自国家统计局的世界统计年鉴、世界银行数据和IMF国际货币基金组织数据。最后，运用Stata12.0对数据进行统计性分析，分析结果如表2－1所示。

表2－1　　　　　　　　投入产出数据统计分析

变量	观测值个数	平均值	最小值	最大值
产出	272	$7.51e+07$	1 018 883	$2.35e+08$
资本投入	272	$1.11e+08$	486 257	$4.18e+08$
劳动投入	272	110 574.1	559	508 168

本书依据可变规模报酬假设，运用DEAP2.1软件测算了作为各石油公司产出导向的Malmquist指数。由于各公司投入指标具有较强的可控性，因此我们选取选择产出导向（output-oriented）的DEA-Malmquist指数法，也就是说

在投入一定的情况下使企业产出达到最大化。考虑到当前石油企业的现状，本书选择可变规模报酬假设（VRS）作为基本假设；同时，又由于在 2000 年以后，国际石油公司对市场份额的争夺越演越烈，各大公司不断增加投入、扩大生产，致使公司生产规模发生变动。可见，不变规模报酬假设与当前现状不相吻合，如果选择此假设必然得出错误结论。基于以上讨论，我们构建了基于产出导向的全要素生产率计算模型。

第四节　中国石油行业全要素生产率的国际比较

一、不考虑技术进步时的全要素生产率

当不考虑技术进步时，也就是说不考虑公司生产前沿面的变动，全要素生产率等于技术效率（本节统一称作技术效率）。这时，对技术效率的测度主要基于不变规模报酬（CRS）假设和可变规模报酬（VRS）假设两个准则。当存在不变规模报酬假设时，纯技术效率和规模效率会对技术效率产生影响，简写为 CRS–TE。当存在可变规模报酬假设时，只有纯技术效率会对技术效率产生影响，简写为 VRS–TE。上述两个准则的不同主要体现在是否假定规模效率会对技术效率产生影响，详见附表 c。

技术效率在石油公司主要存在如下特征：第一，很大一部分石油公司的可变规模报酬技术效率（VRS–TE）大于不变规模报酬技术效率（CRS–TE），表明全世界绝大部分石油公司的生产规模在当前并没有达到最优。作为数据样本的 16 家石油公司在 2000~2016 年的技术效率中，基于不同准则的技术效率存在明显的差异，且以不变规模报酬假设的技术效率全部小于以可变规模报酬假设的技术效率。也就是说，全世界很大一部分的石油公司其生产规模需要进一步做出调整。第二，当存在不变规模报酬假设时，排名第七位和第八位的分别是中石油和中海油，排名第十五位的是中石化。当一并考虑纯技术效率和规模效率要素时，中石油的技术效率成为中国石油公司在全世界石油公司范围中排名第一位的公司，且其技术效率的平均值达到 0.645；中海油的技术效率仅次于中石油，其均值为 0.642，位列第八；中石油的技术效率均值为 0.594，在 16 家石油公司中位列第十五名，很明显，该

石油公司处于劣势地位。第三，当存在可变规模报酬假设时，我国石油公司的技术效率水平整体位于中下游，并且在全球 16 家石油公司中的排名与不变规模报酬假设相比有所下降。技术效率排名第十二的中国石油公司是中海油，排名第十六的是中石化，而中石油排名最后。当存在可变规模报酬假设时，也就是说仅将公司的纯技术效率考虑在内，而公司的规模效率不会对技术效率产生影响。可变规模报酬是指公司增加各种投资，由于石油公司的各种投资由投入再到使用环节常常要 2~5 年的时间，这就意味着可变规模报酬假设主要是基于长期视角分析问题。因此，长期看来，我国石油公司的纯技术效率还比较落后。而在所有中国石油公司中纯技术效率指标最好的为中石化，指标值为 1.025，排名第三位；中石化为 0.993，排名第十二位；中海油则排名最后，纯技术效率指标仅为 0.991。

规模效率是指由于公司规模因素而影响生产效率，反映了在当前环境下现有规模与最优规模之间的对比。从数值来看，规模效率是在不变规模报酬假设条件下的技术效率与在可变规模报酬假设条件下的技术效率的比值。也就是说，依据公式 TECHCH = PECH × EFFCH，可得 EFFCH = TECHCH/PECH。如果企业规模效率的值为 1，表明当前该企业的现有规模就是企业的最优生产规模，因此，也就无须进行调整；如果企业规模效率的值小于 1，那么当前该企业的现有规模不等于企业最优生产规模，这是有必要对企业的生产规模做出调整。当企业规模效率的值越小时，表明当前该企业的现有规模远远不能满足企业生产需求，同时距离最优生产规模的差距也就越大，因此对企业当前生产规模的调整幅度也就越大。附表 d 给出了本书所选的 16 家石油公司的规模效率值，也就是不同假设条件下的技术效率。

由附表 d 可得到以下结论：第一，所选样本企业在多数年份中需要对企业规模效率做出调整。例如，英国石油公司（BP）在 2005 年、2012 年和 2016 年三个年度中企业规模效率的值为 1，也就意味着在此三个年份中该企业的生产处于最优规模，因此，无须对英国石油公司的生产规模做出调整；但是，在其余年份中，我们发现该企业的生产规模与上述年份相比稍差，则其生产规模不等同于最优规模。比如，2011 年该企业的规模效率仅为 0.298，由规模效率公式可推测，这可能由该石油公司的生产规模过大所导致，致使企业内部生产秩序混乱，从而使得生产规模达不到预期目标。第二，从我国三大石油企业的规模效率值可看出这些企业的水平在全球处于中游。其中，规模效率平均值位列全球第三的是中海油，其值为 0.990；中石化的规模效率平均值为 0.985，位列第四；中石油的规模效率平均值为 0.935，排名第十三位。

二、考虑技术进步的全要素生产率比较

当把技术进步因素考虑在内时，企业生产前沿面移动，此时，技术进步因素（TECHCH）和技术效率因素（EFFCH）都包含在全要素生产率（TFPCH）中。本书各种相对技术效率是基于 2000 年的数据，因此，2000 年的各种技术效率指标值均为 1，考虑到篇幅过长，我们对该部分数据予以省略，附表 e 只给出了 2001~2016 年的各种技术效率指标。

由附表 e 可知，第一，尽管不同国家具有不同的全要素生产率变化规律，然而它们存在相同点，即各国技术效率的变动是影响其全要素生产率变动的最主要因素，但是技术进步因素的影响程度较小。以英国石油企业 BP 为例，其在 2016 年全要素生产率呈现大幅度增长，究其原因，主要由技术效率因素所影响；意大利的 ENI 石油公司由于其技术效率因素的变动使公司的全要素生产率分别在 2004 年和 2013 年经历了大幅度的波动。第二，虽然各国公司的技术效率因素是其全要素生产率产生波动的最主要原因，然而不同公司的具体原因却存在差异。通过更深层次的分析我们发现，部分公司主要是由技术效率中的纯技术效率因素的变动引起全要素生产率的波动。以美国雪佛龙（Chevron）石油公司为例，其在 2015 年全要素生产率呈现大幅度增长，高达 7.794，正是技术效率中的纯技术效率因素对全要素生产率的波动产生了主要影响。然而，还有部分公司的全要素生产率的波动主要受技术效率中规模效率的影响，比如，巴西国家石油公司（Petrobras）的全要素生产率在 2015 年达到 11.056，主要就是受到企业规模效率因素的影响；还有少部分公司在不同时间点受到不同因素的影响，以意大利 ENI 石油公司为例，其在 2015 年全要素生产率达到 13.317，主要影响因素是纯技术效率，但是在 2009 年该公司的全要素生产率高达 7.379，主要受到规模效率因素的影响。

三、中国石油企业与国际平均水平的比较

各国公司间各种效率指标的均值列示了各公司在 2000～2016 年的几何均值，表 2-2 给出了本书所选取 16 家石油公司的各种效率指标。第一，从全要素生产率的层面来看，我国三大石油公司中处于优势地位的是中石化和中海油，但是，中石油的全要素生产率处于劣势地位。其中，全要素生产率排名靠前的是中石化，其全要素生产率均值为 1.0470，与全球石油公司相比，高于 1.012 的世界平均水平；排名第九的是中海油，其全要素生产率均值为 1.0272，与世界水平相比不分上下；全球排名第十三位的是中石油，全要素生产率为 0.9809，与世界水平相比稍低，并且该公司的全要素生产率呈现降低趋势。第二，从技术进步的层面来看，在中国三大石油公司中，技术进步指数高于世界平均水平的分别为中石化和中海油，然而，中石油的技术进步指数低于世界平均水平。其中，技术进步指数在全球排名第三位的是中石化，为 1.0284，与世界平均水平相比较高；中海油的技术进步指数在全球石油公司中位列第五，为 1.0131，高于 1.008 的世界平均水平；中石油技术进步指数在全球石油公司中位列第十二，其值为 0.9233，并且低于 1.008 的世界平均水平。第三，从技术效率层面来看，中国三大石油公司的技术效率指标均低于世界平均水平，然而成因不同，中海油主要受规模效率的制约，中石油主要受纯技术效率的制约，中石化的受制因素两方面都有且偏弱。其中，中石油的纯技术效率指标为 1.0248，位居全球石油公司第三；中石化为 0.9933，排名第十二位；中海油为 0.9915，排名第十三位。对技术效率的影响因素做更深层次的分析可得，规模效率是制约中海油技术效率的主要因素，因此需要调整公司的规模报酬；纯技术效率是拖累中石油技术效率的主要成因，公司应当增加研发投入、开发新的技术或引进其他先进技术；而中石化需要在纯技术效率和规模效率两方面加强建设。

表 2-2　　　　　　　　　分企业各类效率几何平均值

序号	企业	技术效率（EFFCH）	技术进步（TECHCH）	纯技术效率（PECH）	规模效率（SECH）	全要素生产率（TFPCH）
1	BP	1.0057	1.0319	0.9835	1.0028	1.0384
2	Chevron	1.0032	1.0289	0.9828	0.9945	1.0328

续表

序号	企业	技术效率（EFFCH）	技术进步（TECHCH）	纯技术效率（PECH）	规模效率（SECH）	全要素生产率（TFPCH）
3	中海油（CNOOC）	1.0135	1.0131	0.9915	0.9895	1.0272
4	中石化（Sinoepc）	1.0176	1.0284	0.9933	0.9853	1.0470
5	Conocophillips	1.0167	1.0152	0.9908	0.9805	1.0324
6	ENI	1.0252	1.0083	0.9968	0.9763	1.0339
7	Exxon Mobil	1.0276	1.0048	0.9963	0.9729	1.0328
8	Petrobras	1.0380	0.9962	1.0029	0.9698	1.0341
9	Permex	1.0423	0.9868	1.0058	0.9648	1.0285
10	Petroliam	1.0425	0.9751	1.0080	0.9566	1.0165
11	Repsol	1.0513	0.9614	1.0131	0.9537	1.0106
12	Rosneft	1.0464	0.9427	1.0163	0.9401	0.9862
13	Shell	1.0437	0.9333	1.0196	0.9286	0.9738
14	中石油（Petrochina）	1.0627	0.9233	1.0248	0.9345	0.9809
15	Statoil	1.0590	0.9091	1.0309	0.9318	0.9625
16	Total	1.0582	0.8948	1.0402	0.9289	0.9467
	平均	1.0057	1.0319	0.9835	1.0028	1.0384

四、中国石油企业与年度平均值的比较

通过对比分析我国石油公司各类指标与世界年度平均值的差异，可体现国内石油公司在全球石油公司中所处的地位。附表 f 给出了我国三大石油公司与著名国际石油公司在 2001~2016 年的各种效率指标的平均值。在研究时期范围内，我国三大石油公司仅在 2003 年和 2012 年两个时期的全要素生产率高于世界平均水平。之所以这两个时期的全要素生产率高于世界平均水平是因为我国石油公司的规模效率较高。此外，在 2004 年、2008 年、2010 年和 2014 年四个时期，国内石油公司的全要素生产率比世界平均水平低，其原因一方面是受技术进步因素的影响，另一方面是受纯技术效率因素的影响，

而规模效率对其的影响很小。其余年份中，国内石油公司的全要素生产率部分高于世界平均水平，部分低于平均水平，其原因主要是受我国技术进步因素和规模效率的影响。

研究发现，当忽略技术进步因素时，国内石油公司的生产效率主要受产业市场结构、政府规制、生产规模等因素的影响。此时，公司生产前沿面将不发生改变，并且存在两种假设条件，即不变规模报酬假设和可变规模报酬假设，二者之间的差异主要在于是否假定公司规模效率的影响。当存在不变规模报酬假设条件时，只有纯技术效率对石油公司的全要素生产率产生影响。在该假设条件下，国内石油公司的全要素生产率水平处于中下游，且主要受产业市场结构和政府规制等因素的影响。当存在可变规模报酬假设条件时，国内石油公司的全要素生产率在世界石油产业中的排名比较落后，且主要受产业市场结构的影响。

当考虑技术进步因素时，国内石油公司的全要素生产率主要受产业市场结构、政府规制、企业内部管理等因素的影响。此时，公司生产前沿面将发生变动，并且技术效率的变动是石油公司全要素生产率发生波动的主要影响因素，技术进步因素的影响程度非常有限。通过对比分析国内石油公司与世界著名石油公司的全要素生产率的差异发现，我国石油公司的全要素生产率都处于全球石油产业的中下游水平。此外，规模效率或纯技术效率过低是造成我国三大石油公司全要素生产率偏低的主要原因。因此，需要改善国内石油产业的市场结构、政府规制、企业内部管理等因素从而对纯技术效率进行调整，而企业生产规模的调整则有助于改善规模效率。其中，影响我国石油产业生产率的主要因素是产业市场结构和政府规制，本书针对这两个因素展开研究。

第三章
中国石油行业的垄断性及其效率损失

相较于其他国际大型石油公司，我国石油公司生产效率普遍较低，这主要是由于在我国石油市场中，市场结构才是最主要的影响因素。本部分深入探讨了我国石油市场的市场结构，同时计算出行业效率损失。新中国成立以来，我国石油市场一直处于统一规划的计划经济体制（梁波，2010；张丰智，2010），自20世纪80年代左右实行对外开放以后逐步融入国际市场。1982年率先放开对近海区域的石油勘测及开采市场（海洋法与空间法节选，2011），并在三年后对外开放我国南部11个省份陆上石油资源的勘测及开采权，在1993年，开放了我国北部位于10个省份的12个区域。从1999~2003年，我国深入改革了石油市场，此后的石油炼化市场只剩下两个大型石油公司以及很少的民营厂商（陈薇，2007；王冠，2008），除此以外的厂商无法直接进行石油销售，需经过中石油或中石化采用全资或控股模式才能参与石油销售市场。自2004年以来，我国石油市场的市场化改革进一步深化，首当其冲的便是下游领域。国家发改委取缔了国家石油企业的进口原油配额的限制（田春荣，2003），并且给予民营炼厂企业原油进口资格；依照中国入世的承诺（即在2004年和2006年陆续开放石油零售和批发市场）（李静，2004），相关行政部门准许部分石油公司参与石油批发与零售市场（邱建国，2005；陈清，2007）。到2014年，我国石油市场中上游领域同样进行了市场化调整，如中石油逐步放开油田和管道市场。但是，在经历这些改革之后，我国石油市场依然留有很多问题。较高的市场集中程度导致了垄断性的市场结构。进入壁垒高企（主要为行政壁垒）。产品差异化程度不高，各石油厂商的产品难以给消费者带来较强的消费偏好。本章针对我国石油市场目前的情况以及出现的弊端、我国石油市场行政规制情况与遗留的问题展开研究。在本章的开始，研究了我国石油领域目前的市场结构和出现的问题，其中重点便是针对市场集中度的研究，以及石油市场的进入壁垒与产品差异化情况。

第一节　石油行业的技术经济特征

因为我国石油市场各种业务具有差异化的技术经济，针对石油市场垄断种类的研究需考虑各自对应的具体业务。我国石油市场业务领域大体可以划分为：石油勘测与开采、石油炼化、石油批发零售以及石油储运等。

尽管石油勘测与开采业务的沉没成本较高，资本和技术较为密集，但其依然是行政垄断业务。石油生产方面的沉没成本大多出现于原油勘探领域，难以有效地解决这一问题。比如当某企业勘测石油时，若探测井没有找到石油，对应的投入便要归结为沉淀成本。对于石油勘测与开采市场，由于其具备技术密集和资本密集的特点，很多时候会被错误的视作可垄断性市场，其实上述特点不是导致这一市场垄断性的主要原因，而是由于市场准入资格方面的严格管理。根据 2004 年国家发改委出台的《政府核准的投资项目目录》，没有行政审批的情况下不允许开展石油勘测与开采业务，即国务院投资主管部门负责审批年产量大于等于 100 万吨石油的项目，而对于其他小型项目，若该石油公司具备开采资格的话，那么可以由其自己来判断是否开展此类业务，并需由国务院投资主管部门予以存案。当前我国拥有石油开采业务资格的公司仅有四家，即中石化、中石油、中海油以及延长石油，这一政策让潜在石油企业难以开展石油勘测与开采业务。

石油管输市场具备规模经济、网络经济以及回报期较长等特征。首先，该市场的边际收益递增现象带来了规模经济与网络经济。基于这一事实：石油管道仅可以运输石油，对于天然气来说却没有用处，且同一管道不能既运输原油又运输成品油。此类业务由于其特定的技术经济特点，导致了这一市场具备自然垄断性质，只有充分发挥管道运输的网络经济性，才能带来产业效率的提升。此外，这一业务还存在严重的行政垄断现象，体现为相关行政部门针对这一市场所实行的市场准入限制。比如国务院投资主管部门负责审批大型输油管道的建设权（特别是跨省干线项目）。可以看出，我国石油管道运输市场不仅具备自然垄断性质，还具备行政垄断的性质（以自然垄断为基础），这一现象也合乎常理。

石油炼化领域当前表现出转置大型化和炼化一体化的特点，即小型石油炼化公司不断被大型炼化厂商所吞并。需要重视的是，上述现象绝不是行业内公平竞争所导致的，主要原因是：①由于原对外贸易经济合作部于2002年出台了《原油、成品油、化肥国营贸易进口经营管理试行办法》，该办法规定，非国营的石油炼厂利用的进口原有在满足配额之后将不会再获得许可证，此规定制约了非国营石油炼厂在石油市场中的竞争地位，因为这些炼油厂难以根据自身情况来获得进口原油。②大部分炼油厂难以根据市场需求来提供产品，某些石油产品在市场中供小于求，许多石油厂商没有难以生存。比如国家发改委于2004年发布的《车用乙醇汽油扩大试点方案》以及《车用乙醇汽油扩大试点工作实施细则》中规定，只有中石油和中石化两家大型石油厂商才能向市场提供车用乙醇汽油。石油炼化市场的本质是可竞争的，然而诸如上述的行政条例致使此市场变为垄断性市场。

石油销售市场属于业务不集中、时效性较强的市场。根据以上特点我们可以推断该市场属于竞争性市场，但是在我国，该市场当前却具有行政垄断的特点。比如，以批发业务为例，在2007年之前，按照《成品油市场管理办法》，民营石油厂商不能进入成品油批发市场，尽管这一办法于2007年被撤销，但是出现的众多严格的准入条件依然导致潜在石油厂商难以从事此类业务。针对石油零售市场，根据商务部2007年出台的《成品油市场管理办法》，拥有零售经营权的石油厂商需具备可靠的成品油提供源，且应当和成品油批发厂商签署三年以上的定期合同。上述的规定使民营石油厂商难以进入石油的批发与零售市场。

在深入研究石油市场的重点领域具备的技术特点后，可以发现，仅管道运输市场既有自然垄断性，又有行政垄断性，除此以外的市场垄断都属于行政垄断，具备可竞争性（如表3-1所示）。

表3-1　　　　　　　　石油产业主要业务的垄断类型

石油产业主要业务	技术经济特征	垄断类型
勘探与开采业务	资本投入密集、技术密集、沉没成本高	可竞争性、行政垄断
石油管输业务	规模经济、网络经济	自然垄断、行政垄断
石油炼化业务	装置大型化、炼化一体化	可竞争性、行政垄断
石油销售业务	业务分散、时效性强	可竞争性、行政垄断

从表3-1能够发现，石油管输市场既是自然垄断市场，也是行政垄断市场，这一市场具备规模经济的特征，依照市场势力理论，具备规模经济的市场可以使用垄断的市场结构来确保规模经济性。除此之外的市场（即石油勘测与开采、炼化以及零售），皆属于行政垄断市场，此现象是由于行政部门构建的市场进入壁垒所导致的。在存在进入壁垒的市场中，各石油公司由于缺少竞争对手，因此自身以及整个市场的效率普遍较低。综上所述，在我国，石油管道市场既有自然垄断性又有行政垄断性，而其他市场都属于行政垄断市场，只是垄断的程度存在差异。

第二节　石油行业的垄断性市场结构

针对石油市场的市场结构研究大体分为市场集中度、进入壁垒以及产品差异化三个角度：①市场集中度指标是测度某一市场中市场结构集中程度，运用较为广泛，将市场势力予以量化，可以体现市场中厂商数目与规模情况的差异。学术界大多使用行业集中率（CR_n指数）以及赫希曼-赫芬达尔指数（HHI指数）对市场集中度进行解释，上述指数给出了行业的竞争与垄断的具体情况，是该领域最重要的指标。②进入壁垒体现了潜在市场竞争者参与石油市场需要多付出的成本，这一成本的多少可以直接体现市场结构的情况，展现对应市场的竞争与垄断性质。我国石油市场的进入壁垒主要是政府行政条例的限制、市场中大型企业的竞争压力、技术和规模经济几个方面。③市场结构也可以由产品差异化来测度，一般而言，石油商品的差异化行为可以提高企业的竞争能力，给予企业一定的市场地位。我国石油市场的产品差异化大多表示为品牌服务的更新、技术种类的研发创新等。

一、中国石油行业集中度分析

市场集中度测度了行业的垄断与竞争情况,我们大多将其分为绝对集中度、相对集中度及其他相关指标。

绝对集中度指标代表的是市场中份额最大的几个厂商所拥有的份额总和占整个行业的多少,许多情况下采用 CR_4 和 CR_8 来表示。根据我国石油市场的现实情况,采用 CR_3 来衡量中石油、中石化和中海油的市场份额更加合理。由于该指标容易计算和测量,因此也最为常用。然而,这一指标也存在弊端,即难以有效的体现出厂商各自规的模。依照贝恩的研究(SCP 研究范式的提出者)当 CR_4 指数不小于 85% 时,市场属于寡占 I 型。

相对集中度指标体现了市场中各个厂商各自的规模情况,一般采用洛仑兹曲线以及基尼系数来表示。上述两种指标一般是对市场中市场份额由小到大进行排序,测量步骤较为复杂,并且有时不具备说服力。例如基尼系数,尽管其能够体现出一个市场中全部厂商的份额分布情况,然而某些特殊情形会使得该系数难以正确有效地体现行业集中程度。因此,当我们研究特定市场的垄断情况时,一般不采用上述的指标。

而赫希曼-赫芬达尔指数(HHI 指数)能够准确有效的反映前几位大型厂商的份额变化,因此使用较为广泛,并且切合当前我国石油市场的情况。该指数是行业内所有厂商占据的市场份额的平方加总,其取值越大,那么该行业便具备更高的市场集中度。HHI 指数为 1 时,表示该行业属于完全垄断,相反的,当 HHI 指数为 0 时,表示该行业属于完全竞争,大多数情形下 HHI 指数是大于 0 小于 1 的。此外,出于观测便捷性,一般将 HHI 指数放大 1 万倍,得到的新的 HHI 指数大于 0 小于 10 000。依照美国司法部构建的标准,HHI 指数的取值不小于 3 000 时表示的是高寡占 I 型的行业,具有很高的垄断性。HHI 指数能够概括性的体现行业厂商的数量以及对应的份额多少,但是相关的数据收集较为困难,且不具备直观性。

总体考虑上述指标的优越性和弊端,我们采用绝对集中度以及 HHI 指数展开研究。选取上述指标不但是由于它们可以相互检验对方的结果,使其更为稳健，而且它们可以相互弥补对方的弊端，便于计算，能够合理地体现厂商的数量以及各自的份额。

（一）石油勘探与开采业务的市场集中度

1. 绝对集中指标

石油市场勘测与开采行业所获得的为原油，各大石油厂商原油产所对应的市场份额能够体现这一行业（特别是开采业务）的市场集中度。表3-2给出了2006~2016年我国中石油、中石化以及中海油三个石油巨头厂商所提供的原油生产量，同时测量了这一行业的绝对集中度。

表3-2　　　　　　　　原油生产和绝对集中度

年份	中石油 原油产量（万吨）	中石油 市场份额（%）	中石化 原油产量（万吨）	中石化 市场份额（%）	中海油 原油产量（万吨）	中海油 市场份额（%）	全国 原油产量（万吨）	绝对集中度（%）
2006	10 663	58	4 016	22	2 775	15	18 476	94
2007	10 772	58	4 108	22	2 688	14	18 631	94
2008	10 825	57	4 180	22	2 919	15	19 043	94
2009	10 313	54	4 241	22	3 179	17	18 949	94
2010	10 541	52	4 617	23	4 164	21	20 241	95
2011	10 754	53	4 531	22	3 895	19	20 287	95
2012	11 033	53	4 623	22	3 857	19	20 747	94
2013	11 260	54	4 683	23	3 943	19	20 812	96
2014	11 293	53	4 698	22	4 152	20	21 176	95
2015	11 239	53	4 681	22	4 033	20	20 983	95
2016	11 260	53	4 687	22	4 058	20	21 019	95
平均	10 905	54	4 460	22	3 606	18	20 033	95

注：2015年、2016年中石油、中石化数据采用平滑估计方法进行推算；中石油原油产量数据的单位转换采用1吨=7.389桶，中石化原油产量数据的单位转换采用1吨=7.1桶。

资料来源：企业数据来自企业年报，全国数据来自中国经济与社会发展统计数据库。

中石油是我国最大的石油公司，其拥有最高的原油产出水平，控制了我国石油行业不低于50%的份额，产量平稳上升，占据的市场份额先减少后增多。基于数量的视角，中石油从2006年开始，历年的石油产出都不低于1亿吨，年平均提供原油1.09亿吨，占据的行业份额平均达到了54%。基于变化趋势的视角，在2009年中石油的原油出产较低，仅为1.03亿吨，这一现象与金融危机存在不可忽视的联系，而其在2010年占据的市场份额最低，仅为52%，这是由于其他两个大型石油公司（中石化和中海油）加大了对原油的开采力度。

作为我国排名第二的石油巨头厂商，中石化的原油产出大体也是稳步上升，其占据的行业份额变动较小。基于数量的视角，该厂商原油产出平均约为4 411.29万吨，份额约为22%。基于趋势的视角，该厂商的原油产量大体是稳步上升的，其中在2011年第一次发生了下降的情况，但当年的原油产出的下降没有缩减其市场份额。从2006年开始，该厂商在我国原油市场中所占据的份额基本在22%~23%波动，没有明显的变动。

而中海油作为我国石油市场三巨头中靠后的厂商，其原油产出以及行业内占据的份额都出现较为明显的变动，且份额的变动要大于中石油和中石化。基于数量的视角，该企业每年原油产出约为3 508.44万吨，行业内年均占据的份额约18%。基于趋势的视角，该企业于2010年和2014年有较高的原油产出，分别为4 164.72万吨和4 152.75万吨，对应的较高的行业份额分别是21%和20%。

综上所述，我国石油市场勘测与开采领域的绝对集中度一直处于高水平，没有出现明显的变动。原油提供领域具备较高的绝对集中度，表明我国石油勘测和开采市场被中石油、中石化以及中海油占据，他们总共的原油产出量不低于我国整个石油市场的95%。由表3-2能够发现，2006~2016年我国原油产出年均在2亿吨左右。此外，我国原油产出属于稳步增加的趋势（尽管2009年的金融危机带来了产出下降，仅有1.89亿吨）。事实上，国际经济危机对我国石油市场造成的干扰程度较低，即使原油产出略有减少，但中石油、中石化和中海油三大巨头石油企业依然占据大部分的国内市场，石油行业的市场集中度没有显著的变动。从2006年至今，我国原油产出市场的绝对集中度大体保持不变，一般在94%~96%。

2. 石油勘探与开采业务的HHI指数

勘测和开采市场的垄断水平在经历了迅速降低后，开始呈现细微的波动。

大体来说，从2006年开始，每年的HHI指数都不低于3 000，依照美国司法部出台的判别准则，这一市场为高寡占I型，垄断较为严重。这一市场HHI指数的最高点出现在2007年，为4 069.6，和2006年较为接近。2008年以来，HHI指数逐步减小，其最低点出现在2010年，但依然大于3 000，说明存在严重的垄断现象。从2011年往后，这一市场的HHI指数发生了细微的浮动，浮动区间为[3 676.4，3 812.1]，浮动的范围不高于135.7。依照测算，2014年这一指标减小，垄断水平出现降低，这主要是由于石油价格的连续降低，造成石油厂商的盈利减少，其他厂商涌入这一市场，垄断水平也因此降低（见图3-1）。

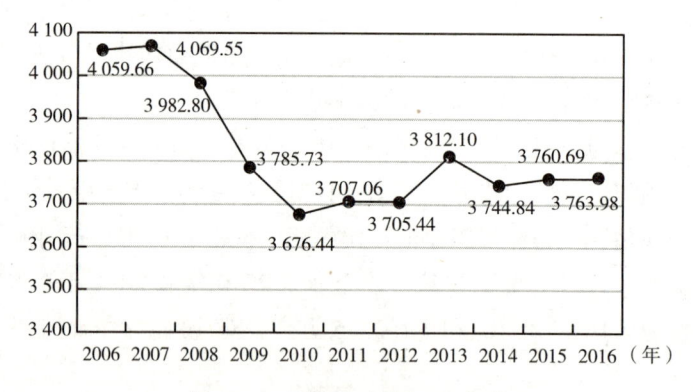

图3-1 原油生产的HHI指数

针对绝对集中度相关的测算结果，勘测和开采市场中出现严重的寡头垄断，且持续时期较长。基于HHI指数的结果也能够发现，上述市场属于寡头垄断市场，与绝对集中度的区别在于，HHI指数浮动程度较高。以2010年为拐点，在其之前的HHI指数显著减少，而在其之后呈现出小范围的浮动。综合考虑上述两个指标，我们可以推断，这一市场属于寡头垄断市场。

（二）石油储运业务的市场集中度

由于没有石油储运市场的相关信息，仅中石油在其年报中给出了输油管道里程的数据，不能通过相关数据来测算这一市场的绝对集中度以及HHI指数，这一部分对其展开研究，来解释这一市场的寡头垄断性质。

石油存储市场属于垄断市场，各个厂商开采的原油以及获得的相关产品均存放于自己企业中。主要原因是：①出于安全性的考虑，若将相关产品放置在其他地点，依然要安排工人对其监管，也不利于公司及时的调度。②由于此类业务不会增加石油商品的附加值，不会带来额外收入，石油厂商便会自我保管相关商品，相关的成本也能够降低，否则的话还要向帮其贮存石油的其他厂商支付相关费用。因此，石油厂商自己得到的产品全部自我存放，考虑到开采以及生产市场均为垄断市场，因此我们能够推断，石油存储市场也是垄断性市场，并且垄断水平不会小于上述两种市场。

与存储市场相似，石油运输市场也属于垄断市场。一般将其划分成管道运输与汽车运输两个方面，前者属于长途运输，后者属于短程运输。需要注意的是：①采用管道运输的一般为原油与成品油，原油运输是指石油从油田运输到炼化企业或储存点，由于此类业务既有成本，也有运输的盈利，开采石油的厂商一般不使用其他厂商建设的管道，因此也阻止了其他厂商进入这一市场；②大体说来，成品油管道的输送模式与原油相似，但需注意的是，该业务连接石油炼化企业和附近的油库和加油站；③汽车输送业务大多为短程，一般运输的是成品油，尽管有时或许会有其他厂商或是其他运输车辆参与到这一市场中，但占的比例较低，这一业务较其他业务的风险性更高（交通风险）。综上所述，石油输送市场为垄断性市场。

(三) 石油炼化业务的市场集中度

石油炼化业务指的是采用炼制及化工等手段，将原油制成成品油的流程，其关系到原油的投入以及成品油的产出两个方面，而主要石油厂商的投入产出在整个市场占据的比例体现了这一行业的垄断情况。

1. 原油加工和绝对集中度

表3-3给出了2006~2016年我国三大石油厂商的原油加工量，继而利用这一数据测算出石油炼化市场的投入的市场集中度。同样的，表3-4给出了2006~2016年我国三大石油巨头厂商出产的成品油的数额，继而测算出产出绝对集中度。

表3-3　　　　　　　　　　历年原油加工和绝对集中度

年份	中石油 原油加工量（万吨）	中石油 市场份额（%）	中石化 原油加工量（万吨）	中石化 市场份额（%）	中海油 原油加工量（万吨）	中海油 市场份额（%）	全国 原油加工量（%）	绝对集中度（%）
2006	11 586	38	16 038	52	—	—	30 651	90
2007	12 272	37	17 047	52	—	—	32 889	89
2008	12 529	36	17 813	52	—	—	34 375	88
2009	12 512	34	18 758	50	1 200	3	37 349	87
2010	13 528	32	21 214	50	2 785	7	42 824	88
2011	14 483	32	21 737	49	2 610	6	44 729	87
2012	14 716	31	22 131	47	3 008	6	46 791	85
2013	14 602	31	23 195	48	2 961	6	47 857	85
2014	14 631	29	23 269	46	3 137	6	50 352	82
2015	14 636	30	23 055	47	3 057	6	48 927	84
2016	14 628	30	23 150	47	3 068	6	49 224	83
平均	13 648	33	20 673	49	2 728	6	42 361	86

注：2015年、2016年中石油、中石化数据采用平滑估计法推算，中海油数据和全国数据用近6年的年均增加值估算；中石油原油加工数据的单位转换采用1吨＝7.389桶，中石化原油加工数据的单位转换采用1吨＝7.35桶。

资料来源：企业数据来自企业年报，全国数据来自中国经济与社会发展统计数据库。

表3-4　　　　　　　　　　成品油生产和绝对集中度

年份	中石油 成品油产量（万吨）	中石油 市场份额（%）	中石化 成品油产量（万吨）	中石化 市场份额（%）	中海油 成品油产量（万吨）	中海油 市场份额（%）	全国 成品油产量（万吨）	绝对集中度（%）
2006	6 831	37	8 721	48	—	—	18 332	85
2007	7 138	37	9 309	48	—	—	19 430	85
2008	7 396	35	10 737	51	—	—	20 915	87
2009	7 319	32	11 369	49	416	2	23 089	83
2010	7 944	33	12 438	51	683	3	24 209	87
2011	8 715	34	12 800	50	678	3	25 540	87

续表

年份	中石油 成品油产量（万吨）	市场份额（%）	中石化 成品油产量（万吨）	市场份额（%）	中海油 成品油产量（万吨）	市场份额（%）	全国 成品油产量（万吨）	绝对集中度（%）
2012	9 637	34	13 296	47	779	3	28 223	84
2013	9 790	33	14 040	48	811	3	29 290	84
2014	9 976	32	14 416	47	909	3	30 933	82
2015	9 858	33	14 104	47	855	3	29 934	83
2016	9 886	33	14 197	47	866	3	30 160	83
平均	8 590	34	12 312	49	750	3	25 459	85

注：2015年、2016年中石油、中石化以及中海油的数据采用平滑估计法推算，中海油数据和全国数据用近6年的年均增加值估算。

资料来源：企业数据来自企业年报，全国数据来自中国经济与社会发展统计数据库。

属于石油炼化市场的加工环节的垄断水平较高，平均绝对集中度在86%左右。其中加工份额最多的为中石化，约为整个市场的50%，其次为中石油，份额在33%左右，将中海油计算在内的话，我国三大石油巨头厂商共计控制86%的市场，即中石油、中石化和中海油在我国原油加工总额4亿吨里占据了86%。综上所述，原油加工市场属于垄断水平较高的市场，具体如下：

（1）针对加工量居于首位的中石化，其加工量的均值是2.07亿吨，控制了接近一半的市场份额。通过其波动情况可以看出，2006年之后该企业的加工量稳步提高，2006年仅有1.6亿吨，但2016年便已达到2.07亿吨；然而，其对应的市场份额却不断减少，这一现象主要是由于其余两大石油厂商对这一市场的争夺有关（例如，中海油在2009年逐步引进相关炼化设施）。中石化在2006~2008年控制着历年最高的行业份额（为52%）。

（2）针对中石油而言，其控制了我国石油加工行业的33%左右的市场，位列第二位。基于产量的视角，该企业平均加工量在1.36亿吨左右，市场份额在1/3左右。此外，其加工量呈现出历年稳步上升的趋势，2006年有1.16亿吨，而2016年便已增加到1.46亿吨。然而，同中石化相似，其相关市场份额同样在不断减少，2006年为38%，而2016年仅有30%，这也是中海油大力开展石油炼化业务所造成的必然现象。

（3）中海油于2009年才进入原油加工市场，当年的加工总量仅有1 200万吨，仅为总市场份额的3%。根据中海油原油加工量的变动情况可以看出，从2010~2016年出现了小范围的浮动，并不明显，并且该企业对于石油加工领域的竞争力较弱，控制的市场变化不大，2010年为7%，2011年及以后均为6%。

2. 原油加工的HHI指数

由图3-2可以发现，2006年以来，我国石油加工市场的HHI指数大体是不断降低的。中石油、中石化和中海油的加工量的总和在整个市场所占的份额不断缩减，该现象表明，我国石油炼化市场不断向外开放，进入这一市场的厂商不断增多。然而，目前的加工市场依然属于寡头垄断市场。HHI指数的最高点位于2006年（4264.47），最低点位于2014年（3360.95），根据前文的描述，该市场明显为寡占I型的垄断市场，垄断程度较为严重。

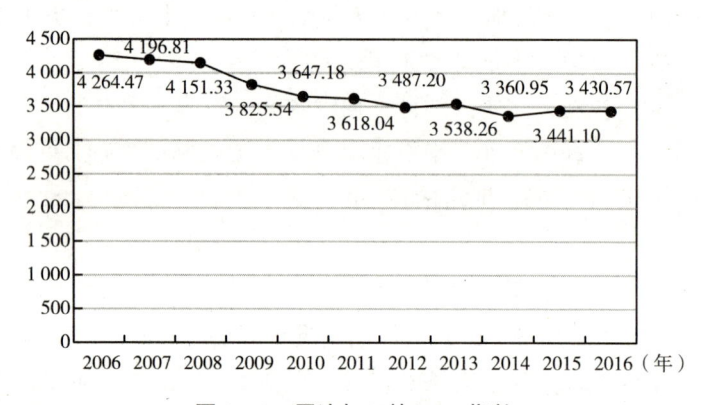

图3-2 原油加工的HHI指数

3. 成品油生产和绝对集中度

针对成品油的产出方面，该市场的垄断程度也十分严重，市场集中度为85%。中石化产出的成品油最多，每年约在1.23亿吨，而全国的产量也不过2.55亿吨，中石化便控制了49%的市场；其次为中石油，控制了34%左右的成品油市场，每年平均能提供8 590万吨的成品油；而中海油则最少，仅有750万吨的产量，市场份额只有3%。

中石化是我国石油量化市场首屈一指的巨头厂商，其在炼化领域的产出市场的也占据着重要地位。基于产量的视角，该企业年均成品油产出量约在1.23亿吨，控制了49%左右的市场份额。基于产量变动情况，该企业在2006年的产量为8 721万吨，此后年份不断增多，2008年已达到1亿吨以上，2016年约为1.42亿吨。此外，该企业占据了约一半的市场份额，且上下浮动不超过3%，最高点位于2008年和2010年（大约51%），而最低点位于2012年和2014年（为47%左右）。

中石油的石油商品产出量是0.86亿吨，仅次于中石化，2006年之后，中石油占据的市场份额年平均在34%左右，且成品油产出量逐年提高，2006年仅有6 831.8万吨，而2016年便达到了9 886万吨。然而，其市场份额变动的情况和其控制的成品油产出量并不一致，市场份额逐步缩减，最多的年份为2006年与2007年，均在37%左右。而最少的年份为2009年与2014年，均在32%，2009年的产量的骤减主要是由于国际经济的波动，而2014年产量的下降则是由于当时油价的不断降低，即油价降低，各个厂商便期望缩减生产规模。

中海油在2009年进入石油炼化市场，当时的产量仅有416.42万吨，仅为该市场总量的2%。以后的年份，其产量不断提高，2016年便已达到866万吨。此外，该企业的成品油产量年均在750万吨左右，占据3%的市场份额，基本保持不变，这主要是由于其市场份额太小，远远低于上述两家石油企业。

4. 成品油生产的HHI指数

成品油产出市场有着较高的垄断水平，其HHI指数在研究时期内首先上下变动剧烈，继而稳步下降。由图3-3能够发现，每年该行业的HHI指数都高于3 000，属于寡头垄断市场。这一指数在2006年是3 881.44，2007年变化不显著，但2008年以后的变动幅度较大，并且存在减小的趋势。HHI指数最高点在2008年，是4 062.81，但是2009年迅速减小，仅有3 730.30，这主要是由于当年中海油的惠州炼油项目开始实施，中海油参与到炼油市场。2010年的HHI指数出现上升，为3 892.96，但依然大于2009年的3 730.30；2011年这一指数减小，2014年减小到3 552.00，这或许是由于当时的经济逐步回暖，在经济危机后，各个厂商又展现出旺盛的生命力，中石油、中石化和中海油的成品油产出市场的份额缩减。

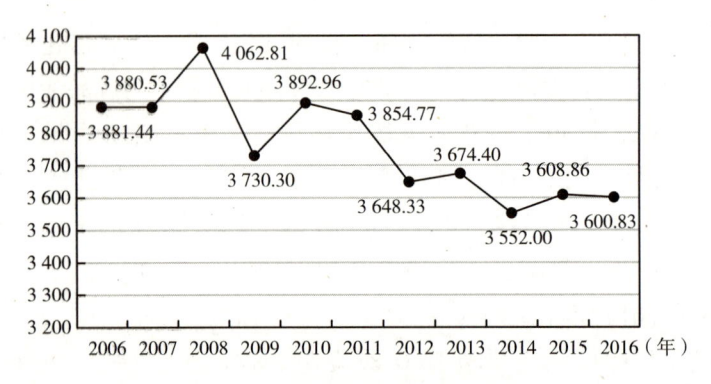

图 3-3 成品油生产的 HHI 指数

综合考虑产于与投入，石油炼化市场依然属于寡头垄断市场，且存在降低的趋势。基于投入的视角（即石油加工），绝对集中度较高，但在逐步降低，根据 HHI 指数的分析，其属于寡占 I 型的市场；基于产出的视角，绝对集中度变化较小，近几年呈现降低的趋势，而 HHI 指数则先剧烈浮动，继而减小。

（四）石油销售业务的市场集中度

石油销售领域既有批发业务，也有零售业务，这一市场指的是不同的成品油经石油厂商流动到消费者一方的流程，其中成品油指的是汽油、煤油以及柴油，它们均难长时间贮存。一般而言，我们认为成品油的售出量即为消费量，考虑到无法收集到我国成品油销售方面的数据，因此我们使用消费量予以替换。

1. 石油销售业务和绝对集中度

石油销售市场属于垄断程度较为严重的市场。我国成品油年均售出 3.18 亿吨，且逐年增加，市场集中度年均 88%。销售额在 2009 年为 26 349 万吨，2011 年为 30 980 吨，而 2014 年达到 36 222 万吨。此外，中石油同中石化所占据的市场发份额总量的变动（也可将其视作市场集中度的变动）呈现倒"U"型，2009 年为 85%，2011 年为 96%，但 2014 年便缩减到 80%。由表 3-5 能够发现，该市场属于垄断市场，特别在 2011 年，市场集中度为 96%，表明垄断程度较为严重。

表 3–5　　　　　　　　　　成品油销售和绝对集中度

年份	中石油 成品油销售（万吨）	中石油 市场份额（%）	中石化 成品油销售（万吨）	中石化 市场份额（%）	全国 成品油销售（万吨）	绝对集中度（%）
2009	10 125	38	12 402	47	26 349	85
2010	12 083	41	14 049	48	29 262	89
2011	14 553	47	15 116	49	30 980	96
2012	15 327	46	15 899	48	33 229	94
2013	11 833	34	16 542	48	34 725	82
2014	12 448	34	16 608	46	36 222	80
2015	12 723	36	16 468	47	35 224	83
2016	12 483	35	16 527	47	35 474	82
平均	12 697	39	15 451	47	32 683	86

注：2015 年、2016 年中石油、中石化的数据采用平滑估计法推算，中海油无公开销售数据，且销量不大，不单独统计的影响很小；全国成品油销售量无公开数据，理论上成品油销售量等于消费量，以消费量替代即可。

资料来源：企业数据来自企业年报，全国数据来自中国经济与社会发展统计数据库。

针对成品油的出售量，中石油要略少于中石化。基于数量的视角，后者在最近六年中的销售额年均 1.55 亿吨，拥有 47% 的市场；基于变动趋势的视角，后者的销售额也是逐步上升的，2009 年仅为 1.24 亿吨，而 2016 年便已达到 1.65 亿吨。然而，需要注意的是，中石化所占据的市场份额有下降的趋势，例如，有的年份占据着 49% 的份额，但 2014 年仅为 46%，这主要是由于该市场的竞争程度不断加强。

而关于中石油，基于数量的视角，其年均销售额在 1.27 亿吨左右，占据约 39% 的市场；基于变动趋势的视角，该企业成品油销售额呈现倒"U"型，2009 年为 1.01 亿吨，2012 年为 1.53 亿吨，但 2013 年开始减小。同样，其市场份额的变化也属于倒"U"型，最高点位于 2011 年，约在 47%。

2. 石油销售业务的 HHI 指数

石油销售市场的 HHI 指数较大，其变动同样属于倒"U"型，但变化幅度较小。根据我们收集的相关数据，该市场的 HHI 指数从 2009 年以后不断增加，最高值位于 2011 年，为 4 605.15，远高于 3 000 的标准，属于寡占 I

型的垄断市场。但是自 2012 年后逐渐减小，最低点位于 2014 年，仅有 3 674.58，也是整个时期内最低的。由图 3-4 的直线的变动情况可以看出，该市场的有着较石油勘测开发和石油炼化两个市场更高的 HHI 指数，说明该市场的垄断程度更加严重。这或许和我国加油站的现状存在联系。目前的加油站被划分成两种：资产性与非资产性。前者的加油站的管理水平较低，不易推行；后者的加油站销售的成品油均列入中石化、中石油和中海油三家石油厂商，因此该市场的 HHI 指数较高。

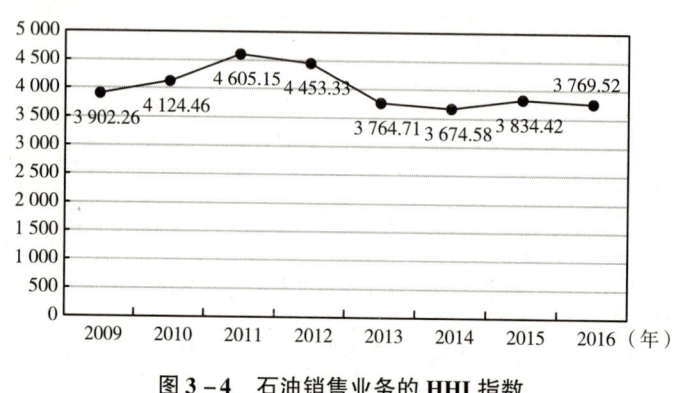

图 3-4　石油销售业务的 HHI 指数

综上所述，石油市场的各个环节都或多或少地具有垄断性，其中勘测与开采环节的垄断性没有显著的降低，炼化与销售环节油显著的降低，如表 3-6 所示。

表 3-6　　　　　石油生产主要业务的绝对集中度和 HHI 指数

主要业务	对应指标	绝对集中度均值（%）	HHI 指数均值	结　　论
勘探开采业务	原油产量	95	3 824	垄断性较为严重，变化不显著
石油炼化业务	原油加工量	86	3 724	垄断水平较高，呈现下降趋势
石油炼化业务	成品油产量	85	3 762	垄断水平较高，呈现下降趋势
石油销售业务	成品油销售量	86	4 016	垄断性较为严重，呈现倒"U"型变化

针对绝对集中度平均值的视角，勘测和开采市场的垄断程度最严重（市场集中度为 95%），第二为销售市场，市场集中度在 86% 上下，炼化市场的垄断水平最低。勘测和开采市场的高度垄断主要是由于该市场的区域登记规

定以及针对探矿采矿等资格的严格管理，都提高了该市场的垄断水平。

基于 HHI 指数的年均情况，销售市场有着最大的 HHI 指数（4016），垄断水平较开采炼化市场更高。大体来看，我国石油市场的各环节都有着或多或少的垄断程度，其中勘测和开采市场变动不显著，其他的市场的垄断情况有改善的趋势。

二、石油行业进入壁垒

进入壁垒表示为市场中的潜在厂商开展特定业务受到的阻碍，例如行政法律方面的限制、在位大厂商的阻挠、技术因素以及规模经济等因素。上述因素中最重要的一点为行政法律方面的显著，这主要是由于我国石油市场中的企业以前均属于国营有关系。事实上，在位的巨头厂商对潜在市场竞争者的阻挠也是重要原因，虽然这种进入壁垒不易发现，但却难以避免；此外，针对石油生产和加工市场，显然存在严重的技术与规模经济壁垒。

我国石油市场的进入壁垒一般属于行政法律方面，且各个环节的壁垒程度不同。我国的石油市场采用分段管理，各个市场环节由各自对应的国家行政机构负责管理，具体规则也是由各自的管理部门来拟定，因此也使得石油市场各个环节有着差异化的进入壁垒。

针对石油的勘测和开采方面，市场壁垒主要为行政部门对参与此类市场资格的严格管理。依照相关条例，国务院负责审批管理此类市场的参与资格。到目前为止，我国只有中石油、中石化、中海油以及延长石油能够依法开展此类业务，除此之外的厂商没有进入该市场的资格，除非借助上述四家石油巨头厂商的帮助。

针对石油的对外贸易市场，市场壁垒主要为行政部门对原油进口和石油资格的管理。尽管我国商务部于 2004 年对石油的对外贸易市场逐步放开了显著，但是依然难以充分供应大多数石油厂商（其中民营厂商居多）。目前政府在该市场制定的规则为：国营厂商进口的石油产品不存在限制，但民营石油厂商却有配额的限制，即使年均增长率可以达到 15%，但供应依然不足。此外，只有国营厂商的进口原油才能投入到炼化市场，其他的厂商只能将其进口的原油销售给中石油和中石化（特别是中石化），由他们来进行进一步的处理。

而针对其他因素的视角，在我国石油市场中，规模经济、技术以及大厂商的阻挠等方面的约束依然较为明显。如石油炼化市场，石油厂商进入该市场需符合如下要求：①年均生产量大于100万吨；②有可靠的原油生产来源。尽管上述约束规定看起来接近法律条例的限制，然而实际上它们是根据规模经济的要求而制定的，应当属于规模经济方面的壁垒。显然，我国石油炼化市场既有技术壁垒，也有工业壁垒，如高端的炼化设施的技术要求较高，并且部分技术处于知识产权的保护期，其他企业只能依靠自身进行相关技术的探索，必然投入较多的成本，因此在进入市场时面临着较高的进入壁垒。

三、石油行业产品差异化

产品差异化表示石油市场中的厂商所提供的商品存在差异，相互之间不易替代。一些厂商对其提供的商品进行了改进，使其与市场上其他厂商的商品存在不同，引起消费者的差异化偏好，由此增加了销售额，控制了较多的市场资源。而石油市场中的商品的差别大多体现在服务上的改善以及工艺的创新等。

我国石油市场中的各个厂商，较少具备针对服务和品牌方面的规划，大多数位于初级阶段。像美国等发达国家，很多加油站附近就能看到便利店，在向车主销售石油产品的同时，还能向其提供补充机油、汽车保养等服务。该国加油站也可以称作是服务站，因为车主不仅能够享受石油产品方面的服务，而且能够享受到餐饮、娱乐等多种服务。例如南非，境内全部加油站均可以额外提供洗车、打气等各种服务，其中既包括需要付费的服务，也包括免费的服务。再看瑞典，车主在多数加油站均能享受到一条龙的服务，包括测试发动机、检查仪表盘等。如果车主不需加油，依然能够享受到加油站赠送的打气等服务，非常便利。意大利境内的加油站均向车主提供清洁车辆中较容易变脏的风挡的服务，此外还赠送检查机油、制动等服务。部分加油站建立了修理点，协助顾客处理车辆的一些小问题。又如德国，一些购物中心自己建设加油站，其产品价格更低，以此吸引顾客，于是既能推销自身商品，又能节省车主加油的时间。再看国内，许多石油厂商没有品牌观念和整体的发展计划。只有很少的石油厂商率先针对自身品牌来树立服务理念，如中石化在2005年将小型购物点建在本企业的加油站点中，方便了车主的购物。

此外，我国石油生产工艺并不先进，石油商品的品质不高。例如在美国，汽油共有三种：87号、89号和93号。而我国的汽油却分为五种：90号、93号、95号、97号以及98号。大多数时候，我们认为汽油的品质同其编号成正比，然而这一观点与事实并不相符，这是由于我国与美国对汽油型号的鉴定方法不一样中美汽油产品分类比较，具体见表3-7。与美国采用的"马达法"不同，我国采用的鉴定方法为"研究法"，该鉴定方法是测量车辆在正常行驶时候汽油的抗爆情况，但美国的鉴定方法更为严格，测量的背景为负重较高或是高速行驶，因此获得的鉴定结果必然存在较大差异。一般而言，按美国方法鉴定的结果较我国方法要小0~15个单位。换句话说，美国品质最低的87号的汽油同我国制造的品质最高的97号汽油相似。有上述分析可以看出我们国家石油厂商的工艺与国外的差距，相关技术工艺研发需要更多的关注与支持。

表3-7　　　　　　　　中美汽油产品分类比较

序号	国别	汽油分类	备注
1	中国	90号	中国按照研究法标号的90号汽油相当于美国按照马达法标号的82号汽油，在美国，该型号汽油已经被淘汰
		93号	中国的93号汽油相当于美国的85号汽油，美国的该型号汽油已经弃用
		95号	中国的95号汽油相当于美国的86号汽油，该型号汽油已经被淘汰
		97号	中国的97号汽油相当于美国的87号汽油，而87号汽油是美国汽油中最差的一种
		98号	美国的98号汽油相当于美国的88号汽油
2	美国	87号（regular）	
		89号（silver）	
		93号（gold）	

注：中国汽油分类用的是研究法标号，美国用的是马达法标号，二者之间的单位换算是：研究法标号×0.8+10=马达法标号。

另外，石油品种需要进一步创新，并且相关品质需要进一步提高。前者代表成品油商品品种的革新，例如汽油、柴油和煤油。显然这一创新要求从其采用的原油构成的出发。以辽河石化为例，其原油均出自辽河油田，密度较高，为稠油或超稠油，直接将其投入生产并不划算，因此，石油厂商大多将其作为沥青加工方面，即路面沥青和阻燃沥青等。由于空气污染引起了越来越多的重视以及人们对健康生活环境的要求，目前石油品种的改进与革新极为迫切，车辆行驶过程中排放的尾气是雾霾污染的重要来源[①]。但是，事实上我国石油市场的产品品质的改进情况并不乐观。欧洲国家于2008年已然实施欧Ⅴ标准来管理石油市场，但我国尚未实施相关标准[②]，见表3-8，仅仅部分达标区域率先采用国Ⅴ标准，见表3-9。北京和上海分别于2012年8月1日和2013年11月1日颁布该标准，然而，全国统一规定于2018年1月1日才开始执行。

表3-8　　　　　　　　中国车用汽油质量标准

序号	指标	国Ⅴ	国Ⅳ	国Ⅲ	国Ⅱ	国Ⅰ
1	执行时间（年）	2018	2014	2010	2005	2000
2	含硫量（μg/g）	≤10	≤50	≤150	≤500	≤800
3	烯烃（%）	≤24	≤28	≤30	≤35	≤35
4	芳烃（%）	≤40	≤40	≤40	≤40	≤40
5	锰含量（g/l）	≤0.002	≤0.008	≤0.016	≤0.018	≤0.018
6	苯（%）	≤1	≤1	≤1	≤2.5	≤2.5

注：国家标准委、国家市场监督管理总局网站汇总。

表3-9　　　　　　　　全国国Ⅴ石油升级时间表

序号	地区	车用柴油	车用汽油
1	全国	2018年1月1日	2018年1月1日
2	北京	2012年8月1日	2012年8月1日
3	上海	2013年11月1日	2013年11月1日
4	江苏（沿江八市）	2014年4月1日	2013年11月1日
5	广东（珠三角十四市）	2015年4月1日	2014年7月1日

[①] 关于汽车尾气对雾霾的贡献率尚未达成共识，但是目前学术界普遍认为汽车尾气对雾霾天气有影响。

[②] 国Ⅴ标准和欧Ⅴ标准的关键指标（例如含硫量等）是一致的。

续表

序号	地区	车用柴油	车用汽油
6	广东（其他地区）	2015年7月1日	2014年10月1日
7	陕西	2014年10月1日	2014年10月1日
8	天津	2015年1月1日	2014年10月1日

注：国家发改委根据2013年国务院印发的《大气污染防治行动计划》确定的。

综上所述，我国石油市场的市场集中度较高，且缺少产品差异性，行业壁垒高企，三种因素有着密切的联系，市场集中度较高导致石油厂商缺乏对石油商品差异性的革新，垄断的石油巨头企业不必通过技术创新便能够轻松攫取利润；同样，市场较高的集中度也阻止了石油市场潜在厂商的进入，使其面临着更为严重的行业壁垒。

第三节　石油行业的行政垄断

市场结构体现了厂商的垄断和竞争情况，我们一般将其分为竞争性的市场结构以及垄断性的市场结构。由于市场结构的差异性，各个厂商的行为也各不相同，继而导致不同厂商的营业情况和生产能力也各不相同。此外，针对垄断会不会降低生产效率以及损害社会福利这一问题，学术界的分歧较大。传统力量假说指出，垄断会降低企业的生产效率，某个行业的垄断程度越高，那么其行业的生产效率就越低。根据有效市场假说（Eugene Fama，1970），生产效率的提高使得市场结构趋向于垄断。当前学术界关于垄断与生产效率之间究竟存在怎样的关系依然没有达成共识。然而，当把垄断划分成行政垄断与自然垄断之后，许多研究人员和专家基本同意如下的看法：行政垄断表示国家出台相关规定（金煜，2006），通过行政干预来阻止潜在市场竞争者进入市场，约束竞争的行为（王俊豪，2007），同每个市场中的技术、经济等情况没有关联（王俊豪，2015），还可能降低市场的生产效率（于良春，2010；余东华，2008）。行政垄断约束了市场生产效率的提升（于良春，2010；丁启军，2009），但自然垄断却能够有效地配置资源，推动行业的进步（余晓钟，2009）。综上所述，相关学者大多同意石油市场的自然垄断有利于这一行业的发展，但行政垄断则不利于该市场的进步，其弊端如下：

（1）由于存在严重的市场进入壁垒，因此市场中缺少有效的竞争。这一现象主要是由于行政部门出台的行政法规。市场进入壁垒阻止了潜在厂商进入石油市场，使其不能开展石油开采和销售等业务。比如，《中华人民共和国矿产资源法》规定，石油厂商必须符合相关法律才能参与石油勘测与开采市场，这便阻止了其他厂商开展此类业务。事实上，当前符合条件，能够参与到原油勘测与开采市场的石油厂商只有中石油、中石化、中石油以及延长石油。此外，它们各自的市场份额没有重叠，不存在竞争冲突。因此，相较于国际上的石油厂商，我国大型石油厂商的竞争力较弱，生产力较低。类似于上述的情形，莱本斯坦（1966）率先揭示了 X 非效率的理论，指出由于垄断的巨头厂商缺少竞争压力，难以有效地调动自身的生产资源，导致成本过高以及生产低效率等弊端。

（2）在存在市场金融壁垒的行业中，商品价格与供给量是不对称的，不能体现整个行业内的供求关系，市场竞争是不完备的，由此导致石油厂商不能及时对行业内的供求关系实时有效地调整自身产量。我国石油领域市场失灵主要是缺少有效竞争所导致的，这又体现在：相关行政部门负责整个石油市场中的产品定价，且负责严格审批各企业的原油生产量。首先，基于价格的视角，行政部门干预石油商品定价不能体现正确的行业供求关系。例如，国家发改委在 2013 年出台的《关于进一步完善国内成品油定价机制》中规定，国家发改委依据国家原油价格的变动情况来对我国的成品油进行定价。在此定价模式中，石油的价格难以有效地代表产品的真正价值，也就不能充分体现我国石油市场的供需情况。其次，基于产量的视角，政府相关部门负责制定原油生产量。我国的石油厂商却没有制定原油产量的资格，即不能依据行业内的供求情况来实时变动原油产出量。

（3）我国石油市场激励机制较少。根据当前企业制度，石油厂商的经营权同所有权是相互分开的，即厂商拥有经营权，政府拥有所有权。然而，在实际情况中出现了一些弊端：首先，石油厂商的所有者不再实体化，没有对经营方进行监管的激励与动力，即产权主体虚拟化（张维迎，1995）；其次，我国石油厂商具有多层次委托代理性质，即由石油厂商的所有方到国有资产监督委员会，再到石油厂商经营方，其中存在多个委托代理模式，此类多层级的委托代理情况致使针对此类市场的监管尤为困难；最后，根据我国实际情况，石油厂商内部存在严重的行政氛围，缺乏完善的激励机制，政府部门直接委派石油厂商的管理者，并且管理者一般拥有行政职务，即石油厂商的盈利与否不会对其自身福利造成任何的干扰，缺少相应的激励机制。

第四节　双重垄断下的效率损失及其测度

我国石油市场垄断导致的生产效率降低除了有石油厂商微观视角下的效率降低，还有整个社会的福利降低（即资源配置效率降低），此节对其展开量化研究。

一、石油行业生产效率损失测度

我国石油厂商，由于被石油产量限制以及管理方面的问题所约束，生产能力普遍要弱于国外大型石油厂商。事实上，厂商生产效率损失指在具体生产时的生产效率同厂商期望的最优生产效率的差距。

根据于良春（2007）的量化生产效率损失的步骤，我们采用如下公式来衡量我国石油市场的生产效率损失：生产效率损失 = 生产成本 × (1 - x)，公式中的 x 表示通过和国外石油厂商的比较分析所获得的整体效率，也代表在规模报酬可变时的技术效率；本书使用营业成本替代公式中的生产成本，考虑到国际上使用的财务数据报表没有给出营业成本的数据，借助营业收入减去营业利润，我们可以得到营业成本的数据，相关的数据均来源于 Osiris 数据库；此处的市场生产效率损失与营业收入均采用中石油、中石化和中海油三家石油厂商总量来进行估算。此外，生产成本应该做平减，这样可以移除通货膨胀的干扰，本书使用 GDP 缩减指数作为平减指数，相关数据来源于 IMF 数据库，计算结果如表 3-10 所示。

表 3-10　　　　　　　　　　中国石油产业生产效率损失

年份	企业	相对效率（%）	生产成本（千美元）	石油企业生产效率损失（千美元）	石油行业生产效率损失（千美元）	行业营业收入（千美元）	损失占收入比重（%）
2000	中海油	0.845	1 765 414	273 639	5 923 178	88 558 849	6.69
	中石化	1.000	42 364 796	0			
	中石油	0.757	23 249 131	5 649 539			
2001	中海油	0.675	1 542 360	501 267	15 420 414	85 135 227	18.11
	中石化	0.657	41 388 777	14 196 351			
	中石油	0.971	24 923 995	722 796			
2002	中海油	0.981	2 008 450	38 161	23 159 239	90 544 734	25.58
	中石化	0.951	44 538 707	2 182 397			
	中石油	0.191	25 882 178	20 938 682			
2003	中海油	0.732	3 686 064	987 865	19 855 544	114 590 233	17.33
	中石化	0.667	56 659 698	18 867 679			
	中石油	1.000	29 854 859	0			
2004	中海油	0.754	4 078 173	1 003 230	7 499 621	131 348 811	5.71
	中石化	1.000	66 226 225	0			
	中石油	0.783	29 937 284	6 496 391			
2005	中海油	1.000	4 069 808	0	7 134 929	178 105 107	4.01
	中石化	0.922	91 473 448	7 134 929			
	中石油	1.000	44 473 744	0			
2006	中海油	0.757	5 536 459	1 345 360	17 941 629	220 851 800	8.12
	中石化	1.000	115 957 412	0			
	中石油	0.721	59 484 838	16 596 270			
2007	中海油	0.979	5 991 201	125 815	24 572 687	258 739 944	9.50
	中石化	0.903	133 552 500	12 954 592			
	中石油	0.853	78 178 770	11 492 279			
2008	中海油	0.679	8 607 363	2 762 964	86 720 172	324 928 949	26.69
	中石化	0.546	172 377 007	78 259 161			
	中石油	0.949	111 726 411	5 698 047			

续表

年份	企业	相对效率（%）	生产成本（千美元）	石油企业生产效率损失（千美元）	石油行业生产效率损失（千美元）	行业营业收入（千美元）	损失占收入比重（%）
2009	中海油	1.000	7 907 343	0	29 501 735	284 828 012	10.36
	中石化	1.000	136 568 314	0			
	中石油	0.723	106 504 458	29 501 735			
2010	中海油	0.225	13 333 131	10 333 177	282 630 752	407 206 553	69.41
	中石化	0.291	195 738 983	138 778 939			
	中石油	0.124	152 418 535	133 518 636			
2011	中海油	0.705	17 634 893	5 202 293	28 401 377	534 133 490	5.32
	中石化	1.000	258 413 327	0			
	中石油	0.891	212 835 625	23 199 083			
2012	中海油	1.000	18 019 890	0	47 622 587	566 749 888	8.40
	中石化	1.000	280 626 494	0			
	中石油	0.790	226 774 225	47 622 587			
2013	中海油	1.000	18 339 149	0	58 122 501	575 049 901	10.11
	中石化	0.990	283 733 680	2 837 337			
	中石油	0.759	229 399 020	55 285 164			
2014	中海油	0.938	19 583 768	1 214 194	117 162 256	538 187 607	21.77
	中石化	0.922	264 858 843	20 658 990			
	中石油	0.567	220 067 142	95 289 072			
2015	中海油	0.969	18 908 248	607 097	85 892 393	555 235 419	15.57
	中石化	0.958	273 778 397	11 275 274			
	中石油	0.668	224 295 615	74 010 021			
2016	中海油	0.964	19 038 571	708 280	91 687 365	552 855 228	16.58
	中石化	0.951	272 464 426	12 996 857			
	中石油	0.650	223 736 691	77 982 229			

资料来源：生产成本来自 Osiris 数据库，平减指数来自 IMF 数据库。

由表3-10可以看出：①国际经济危机导致我国石油行业生产效率损失从2009年到2011年呈现明显的变动，但背后的原因却不同。2009年出现的生产效率损失减少是由于当时中石化与中海油的技术效率在生产前沿处，没有相对效率损失。而在 2010 年，这一指标较 2009 年提高了 9 倍之多，在历年中属于最高位，这一现象的主要原因是当时中国大型石油厂商的相对技术效率迅速降低。2011 年的情况与 2009 年相似，可以看出，2010 年是由于国际经济形势的变动才出现的反常效率损失。②忽略国际经济危机造成的干扰，我国石油市场的生产效率损失呈现出逐步上升的趋势。换句话说，从 2000 年至 2016 年，忽略 2009～2011 年的异常波动，我国石油市场的生产效率损失的最低点位于 2000 年（5 923 178 千美元），而最高点位于 2014 年（117 162 256 千美元），很明显，2014 年的效率损失相对于 2000 年，增加了约 20 倍。③生产效率损失的变动和其占收入比重的变动大体相同。我国石油市场的生产效率损失在收入中的比例的最低点位于 2005 年（4.01%），最高点位于 2010 年（69.41%）；若不考虑国际经济波动的干扰，那么最高点位于 2008 年（26.69%）。

二、石油行业社会福利净损失测度

我国石油市场多数重要环节和领域出现的行政垄断现象降低了社会净福利。比如，对于石油勘测与开采领域，存在严重的进入壁垒，符合规定能够参与此类市场的石油厂商只有中石油、中石化、中海油以及延长石油。其他的石油厂商按规定都不能进入这一市场，较弱的竞争程度最终降低了社会净福利。我们参考 Harberger 于 1954 年提出的公式来测度我国石油市场的配置效率（即净福利）损失，方法如下：

$$DWL = \frac{1}{2}r^2 \varepsilon P_m Q_m \qquad (3-1)$$

公式（3-1）里的 r 表示厂商的期望利润率（潜在利润率），考虑到期望利润率难以获得，若采用实际利润率来表示期望利润率，计算出的效率损失必然小于实际情况，即保守估算，因此，出于严谨的研究理念，我们便采用厂商的实际利润率来表示期望利润率。ε 表示石油的需求价格弹性，考虑到中国的石油大多供应给制造业，因此我们对于该商品的需求价格借鉴了郑晓理（2012）的相关研究成果，即这一需求价格弹性是 -0.802，根据这一数值我们可以推断出短期石油商品缺少价格弹性，此结论同客观实际相吻合，由于此商品缺乏替代商品，因此当其价格上升，商品需求的降低比例比 1 小。而针对数字前的负号，国内大多数的教材对其取绝对值，但国外一般给出带负号的取值。P_mQ_m 表示石油市场历年营业收入，考虑到中石油、中石化以及中海油的在各个石油市场环节中的市场集中度均高于 80%，因此我们采用它们的营业收入总和来体现我国整个石油市场的营业收入。相关数据来源于 Osiris 数据库，得出的结果如表 3-11 所示。

表 3-11　　　　　　　中国石油行业社会净福利损失

年份	价格弹性	营业利润率（%）	营业收入（千美元）	福利净损失（千美元）	损失占收入比重（%）
2000	-0.802	23.92	88 558 849	6 811 372	7.69
2001	-0.802	20.30	85 135 227	5 557 313	6.53
2002	-0.802	20.01	90 544 734	5 825 949	6.43
2003	-0.802	21.28	114 590 233	7 843 748	6.85
2004	-0.802	23.68	131 348 811	10 004 115	7.62
2005	-0.802	21.39	178 105 107	12 249 212	6.88
2006	-0.802	18.05	220 851 800	12 823 266	5.81
2007	-0.802	15.85	258 739 944	13 191 302	5.10
2008	-0.802	9.92	324 928 949	10 361 427	3.19
2009	-0.802	11.88	284 828 012	10 885 552	3.82
2010	-0.802	11.23	407 206 553	14 702 326	3.61
2011	-0.802	8.47	534 133 490	14 552 376	2.72
2012	-0.802	7.29	566 749 888	13 291 579	2.35
2013	-0.802	7.58	575 049 901	14 014 789	2.44
2014	-0.802	6.26	538 187 607	10 830 865	2.01
2015	-0.802	6.87	555 235 419	12 302 292	2.22
2016	-0.802	6.79	552 855 228	12 097 232	2.19

资料来源：Osiris 数据库。

由表 3-11 可以看出：①自 2000 年以来，社会福利净损失逐步增加。其最低点位于 2002 年处（5 825 949 千美元），而最高点位于 2010 年处（14 702 326 千美元）。自 2000~2016 年整个时期内的均值为 11 020 277 千美元。②我国石油市场的社会福利净损失在收入中的比例出现明显的降低，表明近年来我国石油市场的资源使用效率有提高的趋势。需要注意的是，上述情况中的比例降低不是指这一比例历年都在降低，实际上指的是在样本时期内的大多数时候呈现降低的趋势，其中存在部分年份有异常值，比如在 2004 年的社会福利净损失便比 2003 年要高 0.77 个百分点。从表 3-11 可得，我国石油市场社会福利净损失在收入中的占比的最低点位于 2014 年（2.01%），而最高点位于 2000 年（7.69%）。

三、石油行业总效率损失

基于之前的计算结论，这一部分整理了我国整个石油市场的效率损失（即上文中的生产效率损失与社会福利净损失的和），如表 3-12 所示。

表 3-12　　　　　　　　中国石油行业总效率损失

年份	生产效率损失（千美元）	福利净损失（千美元）	总效率损失（千美元）	销售收入（千美元）	损失占收入比例（%）
2000	5 923 178	6 811 372	12 734 550	88 558 849	14.38
2001	15 420 414	5 557 313	20 977 727	85 135 227	24.64
2002	23 159 239	5 825 949	28 985 188	90 544 734	32.01
2003	19 855 544	7 843 748	27 699 293	114 590 233	24.17
2004	7 499 621	10 004 115	17 503 736	131 348 811	13.33
2005	7 134 929	12 249 212	19 384 140	178 105 107	10.88
2006	17 941 629	12 823 266	30 764 895	220 851 800	13.93
2007	24 572 687	13 191 302	37 763 988	258 739 944	14.60
2008	86 720 172	10 361 427	97 081 599	324 928 949	29.88
2009	29 501 735	10 885 552	40 387 286	284 828 012	14.18
2010	282 630 752	14 702 326	297 333 078	407 206 553	73.02
2011	28 401 377	14 552 376	42 953 753	534 133 490	8.04
2012	47 622 587	13 291 579	60 914 166	566 749 888	10.75
2013	58 122 501	14 014 789	72 137 289	575 049 901	12.54
2014	117 162 256	10 830 865	127 993 121	538 187 607	23.78
2015	85 892 393	12 302 292	98 194 685	555 235 419	17.86
2016	91 687 365	12 097 233	103 784 597	552 855 228	18.95

资料来源：Osiris 数据库。

由表 3-12 可以看出：①行政垄断使得我国石油市场的效率损失逐步上升。许多时期内的社会福利净损失要比生产效率损失低，因此生产效率变动的情况大体与总效率变动情况一致。换句话说，忽略国际经济波动的影响，我国石油市场的效率损失整体是上升的。总的效率损失最低点位于 2004 年 (17 503 736 千美元)，而最高点位于 2014 年 (127 993 121 千美元)。②忽略国际经济波动的影响，效率损失在收入中的比重大体呈现"U"型。其中最低点位于 2011 年 (8.04%)，而最高点位于 2001 年 (32.01%)。此外，2014 年对应的效率损失程度排第四（忽略 2010 年的大幅度变动）。自 2011 年，我国石油市场效率损失在营业收入中的比重不断增加（2011 年为 8.04%，2014 年为 23.78%）。

经历了一连串的市场化改革，我国石油市场依然存在严重的垄断，造成了严重的效率损失：针对石油管输领域，由于其自然垄断的特性，基本属于完全垄断市场。针对勘测和开采市场，其垄断程度与管输市场相比较低，其垄断现象的主要原因分为两个方面：①政府对这一市场的严格管理（进入壁垒）。②几个石油巨头垄断厂商较其他的厂商，对石油储量等各方面的信息掌握得更为全面，更加具备竞争优势，这也就造成了道德风险。针对石油炼化市场，民营企业由于自身的油源被严格控制，国内没有可靠的供给，而能从国外获得的油量非常少。此外，他们没有进口原油的使用资格，除非有中石油、中石化或中海油的相关证明。针对石油销售市场，尽管部分石油厂商在合资或加盟后能够进入这一市场，但国内的三大石油巨头：中石油、中石化和中海油依然控制着高于 90% 的份额。不管是国内整个石油市场，还是此市场的某一个环节，都有着或多或少的垄断情况，且严重的进入壁垒还进一步提高了市场垄断程度。事实上，石油市场各个环节的垄断导致了效率损失。

综上所述，我国石油市场的效率损失包括生产效率损失以及社会福利净损失两个方面。忽略国际经济大幅度波动的时期，我国石油市场的生产效率损失逐步上升，其在营业收入中的比重也呈现上升趋势；我国石油市场的社会福利净损失也逐步增加，然而其在收入中的比例却不断下降。从上述结论我们可以看出，我国石油市场的整体效率损失呈现出增加的趋势。因此，必须深化我国石油市场的改革，例如对其实施市场重组，重新制定市场发展框架，减少效率损失，减小同国外石油厂商的差距。

| 第四章 |
中国石油行业市场结构重组改革

市场结构重组表示为采用某种措施对市场结构进行变革，调整市场的垄断结构，在市场中引入竞争以优化资源配置。我国石油市场的重组改革，必须先确立一个长远的目标，通过合理化的措施，根据我国具体情况制订完善的改革计划，尤其需要相关行政部门切实考虑石油市场的技术特点以及垄断情况，将市场中的自然垄断环节与存在竞争的环节进行分割，例如管道运输环节与其他竞争环节，提高市场的竞争性，进一步优化资源的有效配置，挖掘市场经济的优点，以追赶或超越发达国家。

第一节 石油行业市场结构重组的基本目标

总的说来，我国市场结构重组划分为以下三个方面：改善石油市场所有制结构、改善国有石油企业内部治理结构、调整石油市场组织结构。

一、改善石油市场所有制结构

石油市场中的有效监管与竞争同当前的所有制结构存在密切联系。这主要是由于，国内的石油厂商发生的竞争均属于相同所有制，没有竞争失败停业的威胁，也就不会有合理化的竞争市场。市场经济包含各种所有制经济，只有改善石油市场的所有制结构，打破石油大厂商控制石油市场的模式，在市场中引进民营石油厂商或其他类型的厂商，使其茁壮成长，以此推动竞争性市场的发展。另外，针对行政管理方面，只有国有石油厂商的市场并不利于监督管理，必须各种所有制石油厂商并存。这主要是由于市场中信息的规模与有效性决定了监督管理的成功与否，当各种所有制石油厂商并存时，信息在市场中充分交流传播，打破了石油厂商与行政监管机构之间的信息不平等的局面，有利于政府监管。

二、改善国有石油企业内部治理结构

石油厂商的生产效率与盈利情况同内部治理结构存在密切联系。当前国有石油厂商缺乏有效的激励措施，并且委托代理方面有明显的弊端，缺少风险预警防范以及有效的监督管理，石油厂商内部结构不符合当前的竞争性市场。目前，随着石油市场的不断改革以及进一步开放，国有石油厂商和其余所有制类型的厂商的竞争将会愈演愈烈，不仅在国内石油市场，还包括国外市场。为提高国有企业的竞争性以及赶超国外高效率的石油厂商，必须改善内部治理结构以及资产的控股模式，根据市场环境积极做出调整。

三、调整石油市场组织结构

欲改善石油市场组织结构，必须在石油市场尽快引进竞争，提升生产效率，消除市场的垄断性。其中最重要的措施便是对石油市场的结构重组。尤其是对石油市场的战略性重组，借此消除垄断市场。同时相关行政部门应当推行合理有效的重组措施，由此分离石油市场中的自然垄断环节和竞争性较高的环节。各个石油厂商各自占据差异化的市场，那么相关行政部门必须因地制宜地对他们分别实施合理的管理。另一方面，石油市场不同环节互相之间有着垂直的联系，存在着不可分割的市场链条。考虑到这一情况，不同市场环节必须相互配合，才能合理有效地服务顾客。石油市场的各个环节被各自对应的石油厂商所控制，因此相关行政管理部门应当实施具有针对性的措施来加强各环节联系。

石油市场的结构重组一般具备如下三个功能：①引进市场竞争，提升石油厂商的生产效率；②降低石油厂商的规模以提高内部效率；③便于综合分析各个石油厂商的盈利情况。进一步说，石油市场结构重组主要是为了提高石油市场的竞争程度，以便于推进市场化改革。当政府推行相关政策，在市场中引入竞争时，由于石油市场被巨头厂商垄断，潜在厂商无法开展相关业务，即便其能够参与到该市场，也不具备与巨头厂商相抗衡的实力。事实上，巨头石油厂商能够利用其控制的石油市场中的垄断环节与竞争环节之间的互补优势，借助掠夺性定价，排挤进入石油市场的其他厂商。出于上述现象的考虑，石油市场急需结构重组，相关管理部门应当分割该市场的垄断与竞争环节。

整体而言，我国石油市场结构重组的主旨是保持石油市场规模经济特征的同时，来提高市场的竞争性。该主旨包含以下两个方面：①合理提高市场竞争性。即在我国石油市场某些有竞争性的市场环节，如勘测、开采、炼化以及零售等，引进潜在的石油厂商进入该市场，提高该市场的竞争程度，优胜劣汰，提高整个市场的生产效率。②保证规模经济。即在实施石油市场结构重组的过程中，必须兼顾到当前我国石油市场的具体情况，注意到该市场存在规模限制，应限制规模过小的石油厂商进入市场，从供给的视角提升该市场整体的效率，以此赶超国外先进的石油企业。

当实施结构重组时，必须考虑以下两点：①采取纵向一体化运营还是拆分运营。即考虑两种模式各自的优缺点，前者能够使得石油市场中的前后链条包含于一个特定石油厂商，因此该市场各个环节能够相互配合，提高效率，但是由此会带来垄断。在位大型石油厂商会构建市场壁垒对潜在竞争者造成阻碍，干扰市场的公平竞争，而拆分经营模式却恰恰相反。对其两者之间如何选取，必须兼顾重组成本以及此后的监督管理费用。②重组成本以及此后的监督管理费用。市场结构重组成本表示为石油厂商的拆分以及重新组合带来的成本，其后的监督管理费用表示为政府在石油厂商重组后对整个市场监督管理带来的成本。事实上，我国石油市场选择的是纵向一体化的运营模式，若在重组后依旧采取这一模式，那么整个市场的改革幅度较小，所需的成本也较低，然而结构重组完成后，市场中依旧残留许多垄断厂商，对石油市场潜在厂商的进入以及发展造成了很大干扰。因此，出于提高市场竞争性，构建合理竞争机制，相关部门付出的监督管理成本较高。而若在重组之后采取拆分运营的模式，那么情况恰恰相反，即在重组的时候付出高成本，但在重组之后对市场的监督管理方面所需的成本较小。综上所述，我国石油市场的结构重组需综合考虑许多方面，不能盲目实施。

第二节　石油行业市场结构重组的主要模式

我国石油市场重组，必须要兼顾石油市场整个环节的具体的技术与垄断情况。比如，管输市场既是自然垄断的，也是行政垄断的。在规划重组时，不仅要保证自然垄断所具备的规模经济，而且要提高市场的竞争程度。而在其余几种石油市场环节中，考虑到其具备可竞争性，因此在重组过程中必须关注的是如何打破垄断局面，提高市场的竞争性。基于上述论述，我们给出如下四个市场重组的模式：联网互利、接入监管、联合所有制以及拆分所有权。它们的关注点存在差异：联网互利关注点在于石油输送方面的网络联系，对石油厂商所有制结构以及运营模式没有影响；接入监管关注的是市场环节的有效竞争机制，虽影响所有制结构，但不会改变目前的纵向运营模式。联合所有制是指建立独立运营的石油管输公司，提高其余类型的厂商数量，对当前纵向经营模式存在影响。最后的拆分所有权，是指改变目前的石油厂商纵向一体化的经营模式，拆分当前的石油厂商，根据不同的市场环节来开展业务。

一、联网互利模式

图 4-1 给出了该模式的具体特征，可以看出，相关行政部门将当前的石油厂商分成两个差不多的小厂商（也可以分成多家），各小厂商依旧保留之前的纵向运营模式，不仅参与有自然垄断特征的管输市场，还参与有竞争性质的勘测开采市场。该运输网络的正外部性，是指当各个石油厂商共用该网络时，各自的运输距离都得到了延伸，具备了更多的运输量，降低运输成本，因此输送效率得到了显著的提高。由于这一外部性的存在，经历结构重组的石油厂商倾向于管输网络的有效联通。

该模式不但能够提高各个石油厂商之间的竞争程度，还能让它们共用管输网络，在这一环节中也提高了竞争程度。但是这一模式也存在以下弊端：经历了结构重组之后，各个厂商之间的管输规模必须相近，否则大型厂商必然利用自身优势，吞并或排挤输送规模小的厂商，干扰互联互通的模式运营。

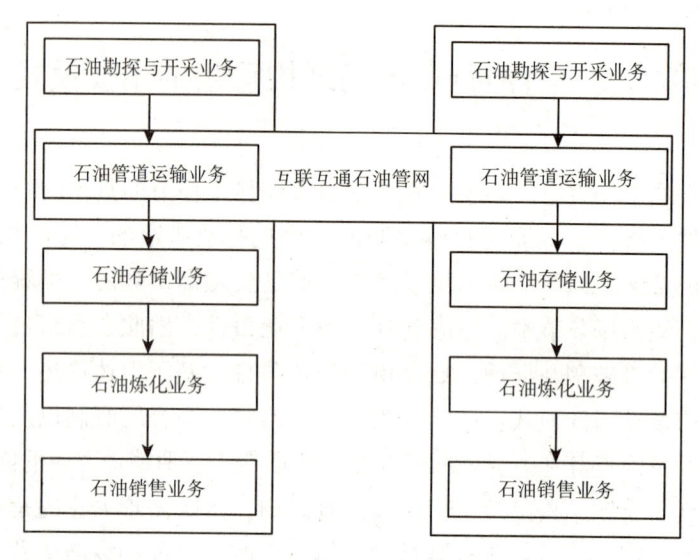

图 4-1　联网互利模式

二、接入监管模式

接入监管即提高对接入方面的监督管理而降低对进入方面的监管，图 4-2 给出了这一模式的具体特征：市场中现存的石油厂商依旧保留其纵向一体化的运营模式，相关行政部门降低对进入的监管程度，批准一些潜在厂商开展相关竞争性业务；此外，出台相关行政条例，规定在位的石油厂商必须公平合理地给予刚开展此类业务的厂商相关接入服务。整个接入流程中，监管方来制定相关的成本及定价，迫使在位厂商合理有效地与新厂商共享管输网络。

美国的石油市场的管理方式与上述模式相似：①相关行政部门根据石油管输市场的自然垄断特征来管理该市场。考虑到石油管输方面的设备均为资本密集型，有自然垄断的特点，该国的管理部门不仅保证了相关投资的规模经济，还保护了管输网络客户的权益，严格管理这一市场的运营、进出、产品以及费率。②针对石油勘测开采市场，该国政府切合实际的进行管制。尽管此类市场不是自然垄断的，然而其与美国境内的能源安全息息相关，是经济发展的助推器，因此该市场不会过度引入竞争，政府必然对其有一定程度的行政管理。③美国政府放开了对石油炼化零售市场的监管。此类市场不仅与能源安全关系不大,并且是非自然垄断的,因此必须引进竞争,打击垄断行为,让市场来配置资源,借此提高整个市场的效率。

由于上述接入监管的方式易于开展,因此经常被使用。它可以维持在位厂商的范围经济,不需对厂商进行分割,极大节省了相关费用;然而,刚进入的厂商一般会遭受在位厂商的排挤,因此必须由政府来构建公平的市场环境。为此,我国能源局在 2014 年出台了《油气管网设施公平开放监管办法(试行)》来推动石油市场改革,创建公平市场环境。

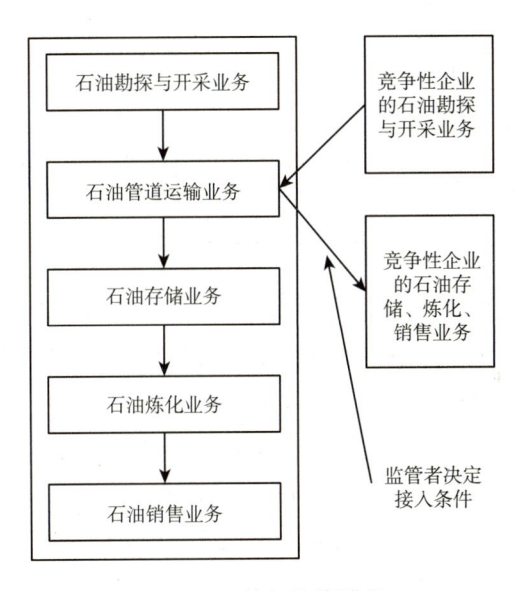

图 4-2　接入监管模式

三、联合所有制模式

联合所有制是先划分目前垂直运营的石油厂商,石油市场管输环节由一个主要的厂商负责,之外的市场由几个石油厂商来负责,而这几个厂商共同占据主要厂商的股份,见图 4-3。

一般联合所有制的实现形式有如下两种:①调整在位石油厂商的管道,构建新的石油管输厂商;②该市场各个厂商共同投资和控股,建立一个管输厂商,例如我国通信方面的铁塔公司,由于中国移动、联通以及电信合资成

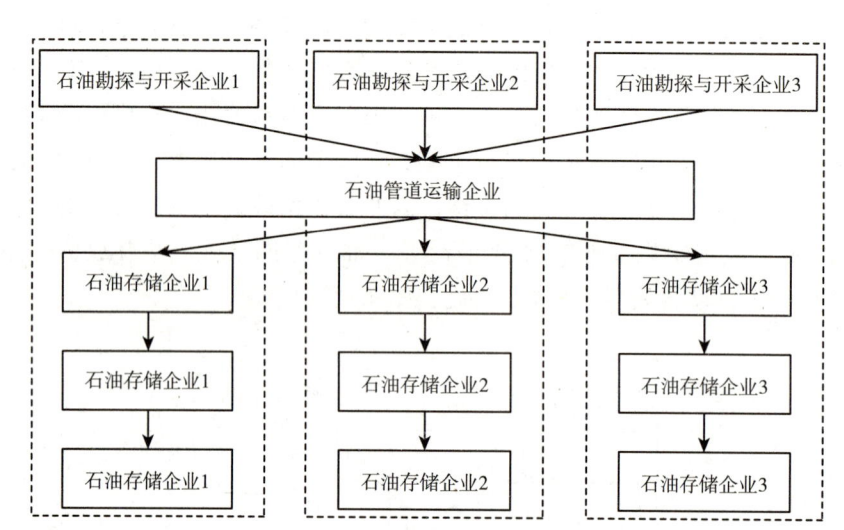

立，联合运营，便于处理相关设施的重复建造以及资金方面出现的弊端。

图4-3 联合所有制模式

联合所有制模式的好处有：共同使用行业内的相关设备，防止成功复建造以及资金不足；维持管输市场与其他市场的契合度，缓解两个市场中的石油厂商运营过程中的矛盾。然而，其弊端在于：①在位厂商倾向于密谋排挤刚进入市场的其他厂商，抢夺它们在管输公司中的股份，因此相关行政部门必须介入市场进行干预；②考虑到在位厂商的利益交叉，它们或许会合谋，通过管输市场中的某些行为来构建进入壁垒阻止市场潜在厂商的进入；③在该模式中，若存在过多的厂商，那么必然带来管理方面的松散以及低效率，导致企业内部结构出现弊端。

四、所有权分离模式

所有权分离指的是具有竞争特征的市场环节与具有自然垄断性质的市场环节的所有权之间的拆分，具体情况如图4-4所示。拆分在位的垂直一体化的石油厂商，根据业务类型拆分当前的垄断厂商的所有权，管输市场作为具备自然垄断性质的市场，让很少几个厂商来控制（图4-4仅列出两家厂商），而存在竞争性的市场则由为数较多的厂商来参与。此外，若厂商开展了石油管输方面的业务，那么其不可以再进入其他竞争性的市场，借此遏制这两类业务中的交叉补贴现象。

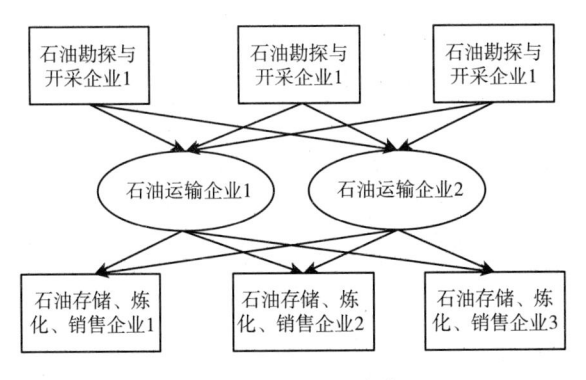

图 4-4 所有权分离模式

上述所有权分离情况与美国标准石油公司在 1911 年的市场结构重组较为接近。1911 年以前，该国石油产出额约为全球总额的 70%~80%，该企业就占据了不低于 30% 的原油生产量、高于 80% 的管输市场及不少于 85% 的炼制以及石油商品的出口。标准石油公司在美国境内各地区均建立了子公司，其对市场的垄断现象影响了市场的整体效率。因此，在 1911 年美国罗斯福总统的授意下，该公司被分成若干不相关的厂商，即当时 34 个子公司独立经营自身的业务。在此之后，上述子公司的效率都有所上升，如新泽西石油标准公司（尤其是炼化与零售方面），卡特与汉伯尔石油公司（石油勘测与开采方面）等。因为这些子公司均占据不同的石油市场环节，因此导致整个石油市场的契合度不高。此外，这些子公司均为之前的在位企业，在市场中有一定的地位，不会遭受其他企业的干扰。

综上所述，该模式的好处在于：遏制了企业间的排挤现象，构建了公平的市场竞争环境。然而这也使得石油厂商之间的契合度减少，整个市场的效率受到影响。

第三节 石油行业市场结构重组的政策选择

根据上述分析能够发现，我国石油市场的四种模式均存在不同的优点与弊端，如表4-1所示。一般应该基于政策需要来进行挑选，发挥其最大的效用。

表4-1　　　　　　我国石油市场四种结构重组模式的利弊

序号	结构重组模式	优势	弊端
1	联网互利模式	促进管输网络的联通；提高竞争性市场的竞争水平，如管输市场	重组后的厂商规模必须接近以防止大型石油厂商对小厂商的歧视性行为以及市场股份的抢夺
2	接入监管模式	保证了厂商的范围经济；可以规避过多的重组费用	相关部门的监管成本较高；垂直一体化厂商常常使用多种歧视性行为
3	联合所有制模式	能够防止重复建造与投资，维持市场环节间的契合度	在位厂商倾向于串通排挤新进入市场的厂商；此外，厂商内部管理方面也可能出现问题
4	所有权分离模式	能够规避厂商的歧视行为以及各个市场环节的交叉补贴	损害了范围经济；政府拆分成本较高

一、单个模式的选择

若政府更加关注石油管输的联通情况以及竞争性的市场构建，则应采取联网互利的方式。这主要是由于联网互利模式不仅可以促进管输网络的联通，还可以将差异化的竞争引入自然垄断市场和竞争性市场，既提高了市场竞争水平，又保证了管输网络的良好运行。此外，还应重视结构重组以后的各个厂商的管输网络的规模大体保持一致，若存在差异，那么小规模厂商容易被大厂商所排斥，被抢夺市场份额，导致各个石油厂商无法公平的共享管输网络。因此，必须确保这些厂商的规模相近，公平地共享管输资源。

若相关行政部门倾向于保护石油市场的范围经济，不再将在位厂商分割，那么应采取接入监管的方式，原因如下：①保证了在位厂商的范围经济；②避免了分割在位厂商所带来的大量成本；③极大减轻了结构重组时所遇到的阻碍。此外，与其他的重组方式相比，接入监管在进行结构重组过程中面临的阻碍不大。然而，相关行政部门需要付出更多的成本来构建公平的竞争市场环境。

若政府更倾向于避免重复设施、重复建造以及处理投资方面的问题，那么联合所有制便是一个不错的选择。其不仅能处理上述问题，还能保证市场各个环节的较高的契合度。在调整当前石油厂商的管输设备方面以及创建新的管输公司，该模式都是一个合理的选择。事实上，所有的结构重组模式均有其弊端，联合所有制也是如此。在这一模式中，相关行政部门必须重视在位大厂商对新进入市场厂商的排挤，构建公平竞争的市场环境。

若相关行政部门倾向于推动石油厂商之间的平等竞争，那么应采用所有权分离的重组方式，因为这一模式没有上述模式中具备的歧视性情况。然而，由于各个企业控制的市场环节各不相同，市场环节之间的契合度必然降低。因此，相关部门应当创建一个良好的环境以便加强石油厂商的相互沟通。见表4-1。

二、多个模式的政策组合

考虑到我国石油市场的客观情况，或许综合应用上述几种模式更为合理。比如接入监管模式和所有权分离模式的互补，这一方面具体的阐述如下：

（1）联网互利和接入监管的搭配。这一模式的好处在于：不仅保证了在位石油厂商的范围经济，还能在各个市场引入差异化的竞争，并且各个厂商可以共同使用石油管输网络。然而，这一结构重组方式的搭配前提是各个石油厂商的规模必须相近，相关部门应加大监管力度，创建公平的市场竞争环境。

（2）联网互利和联合所有制的搭配。这一模式的好处在于：不仅能够让各个石油厂商共用石油管输网络，还能规避相关设施的重复建造与投资，保证石油市场管输环节与其他环节的契合度。然而，由于利益的重叠，在位厂商存在串谋的动机，倾向于阻止潜在厂商的发展。因此，必须使联网的厂商规模相互接近，拥有平等的市场地位。

（3）联网互利和所有权分离搭配。这一模式实施的前提是必须将在位厂商分为数个规模接近的厂商，否则会出现不平等竞争的现象。其好处在于：能够防止厂商间的不公平竞争，平等使用管输网络。然而石油厂商的范围经济遭到削弱。此外，考虑到拆分在位厂商时的阻碍较多，所需要的成本也较高。

(4) 接入监管和联合所有制搭配。这一模式的好处为：无须拆分在位厂商，那么不仅减少了相关成本，还尽可能保证了它们的范围经济，提高了整个石油市场链条的契合度。此外，还能适当减少相关设施的重复建造以及投资问题。然而，这一模式也会使得在位厂商占据了市场信息优势，倾向于排挤其他的新厂商。

综上所述，我国石油行业结构重组的最终目的是通过市场机制，提高竞争程度，同时保证市场的规模经济。因此，我们给出了我国石油市场结构重组的四种方式：联网互利、接入监管、联合所有制以及所有权分离。四种方式各有利弊。若政府更加关注管输网络的联通问题以及市场的公平竞争，则应采取联网互利的方式；若政府更关注石油市场的范围经济，倾向于规避在位企业的分割，那么应采取接入监管的方式；若政府更重视重复建造以及投资方面的问题，那么应选择联合所有制模式；若政府倾向于提高市场的竞争程度以及创建公平竞争的市场环境，那么应选择所有权分离的方式。事实上，我们给出的仅仅是基础性的重组模式，还应当根据具体情况综合考虑上述几种市场结构重组的模式。

| 第五章 |
中国石油行业深化市场化改革

目前我国逐步深化石油市场的改革，且成果颇丰。自 2014 年以来，国有石油厂商展开混合所有制的改革，重点是炼化与销售环节。次年，中石油允许民营厂商进入管输市场，组建专门的东部管道公司。2016 年建立了我国种类最多、交易量最大的大型油气现货交易中心——上海石油天然气交易中心。2017 年，国务院出台《关于深化石油天然气体制改革的若干意见》，目的是进一步放开勘测开采市场、优化石油外贸体系、强化下游市场的竞争水平、调整油价以及改革国有油气厂商，以推动后续的市场化改革。当前我国市场化改革依然需要继续深化。必须改变市场垄断的格局，引进民间力量，通过 PPP 等各类协作方式，科学布局国有资本与民间力量的比重。

第一节 打破石油行业的行政垄断

石油行业的行政垄断体现在许多方面，主要包括石油进出口、市场准入等环节，该行业市场化改革的继续深化需多方面齐头并进，打破行业行政垄断。

一、打破石油进出口环节的行政垄断

进出口涉及的石油产品有原油和成品油，以原油进口和成品油出口为主。2017 年我国原油进口量超过 4 亿吨，原油进口量和国产原油比例为 2.2∶1，比 2012 年的 1.3∶1 进一步扩大，因此进口原油在国内占据更加重要的地位。

对于民营独立炼厂而言，使用进口原油比使用国产原油利润高，民营炼厂更倾向于使用进口原油，同时具备原油进口资质和进口配额的石油企业会充分使用原油进口配额。原油进口环节国营炼厂和民营炼厂基本实现公平竞争，但在成品油出口环节却存在较大程度的行政垄断，以国有企业为主，许多民营炼厂无出口资质。再加上，石油炼化产业存在较大的产能过剩，国内炼厂倾向于依赖出口缓解。因此，成品油出口环节的行政垄断更为显著。

（一）我国炼化产能过剩情况

在当前我国石油市场，包括炼油环节，产能过剩的界定尚未有严格的标准。西方发达国家关于产能过剩的标准为产能利用率是否低于78%。根据这一标准来分析我国2017年1~11月的产能过剩的状况：该时间段内成品油共计产出3.16亿吨，而配套的炼油产能约在5.14亿吨，实际消费量为2.82亿吨，经计算，过剩产能是2.32亿吨。根据上述事实可以发现，我国炼油市场产能过剩现象较为严重，影响市场的正常发展。当前政府提出经济L型走势以及高质增长的理念，该市场的产能过剩问题迫切需要解决。尽管目前我国炼油市场的产能严重过剩，然而该市场的份额依然不断扩大。依照计划，2020年我国炼油市场每年产量将提高到8.8亿吨。假定2017~2020年间，国内石油商品需求水平年均提高3%，炼油开工比例为80%，获成品油比例为65%，那么在2020年炼油市场年均炼油6.6亿吨，忽略产能淘汰，那么每年过剩产能为2.2亿吨。按照当前政府制定的相关项目与计划，2020年我国增加的产能要远远多于石油商品需求的增长量，即产能过程的现象将逐年加重。

（二）成品油出口的国际机遇

我国石油商品大多出口到东南亚区域，包括新加坡、印度尼西亚、越南、菲律宾等，少数出口澳洲、美洲等区域。其中新加坡进口我国大量的汽柴油，是重要的外贸合作国。2015年该国进口的我国汽油、柴油分别占据出口量的52%和37%。新加坡是远东成品油贸易的集聚地，进口的石油商品大部分通过转口、勾兑后出口等途径最后进入东南亚市场。

亚太地区炼油厂的停业为我国石油商品的出口提供了重要的契机。近几年，国际石油市场的炼化产能降低的现象大多出现在亚太区域，主要情况如下：①日本对于石油商品的需求不断降低，而成品油产能过剩严重，年均供油量不断减少。此外，该国对于环境保护的关注越来越高，对石油炼厂来说，缺少优化调整、提高效率的激励，2017年年均产能缩减了将近800万吨，约10%。②考虑到政府对企业环保的严格要求以及营运利润，全球各石油巨头厂商不断出售位于澳大利亚的炼厂。例如，壳牌公司在2014年转卖了吉（Geelong）炼厂，自此放弃在澳大利亚的全部市场；埃克森美孚、加德士、BP公司等石油厂商均陆续关闭在该国的石油炼厂。长期来看，该国炼厂的规模不高（日均加工量在8万~13.5万桶油）、炼厂工作年份过长（该国的炼厂存在时间都不低于50年）、运行设施落后（脱硫效率低），在规模与技术方面都远远落后于世界平均水平，2018年依然有缩减产量的趋势。③印度石油商品的出口量近年来不断减少。2015~2017年，该国炼厂将营业的核心方向由国际贸易领域转变为国内领域，我们推测该国2018年的石油商品出口量下降势头不减。综上所述，澳大利亚等国家炼厂规模的下降，印度石油商品外贸市场的缩水，一定程度上降低了亚太区域石油外贸市场的竞争程度，是我国炼厂进一步发展国际业务的重要时机。

（三）成品油出口环节的行政垄断

成品油出口行为有三方面的好处：一是能有效缓解国内炼化产能过剩压力。随着国家环保需求、绿色出行、电动汽车等替代品的出现，国内成品油需求量大幅降低，国内成品油供应压力倍增。二是符合企业追求利润最大化的动机。我国成品油出口主要面向亚太地区，例如印度、新加坡等，这些国家对成品油质量标准较低，生产过程中炼化企业的利润更高，因此炼厂更倾向于出口创收。三是扩大我国石油炼化业务的国际竞争力和影响力。开拓成品油海外市场能有效促进我国石油炼化业务的国际化进程，炼厂以更高的标准要求自我，增强国际竞争力。

我国成品油出口企业需同时具备成品油出口资质和出口配额，由商务部按季度公布。目前具有成品油出口资质和配额的企业主要有中石化、中石油、中海油以及中化集团，以国有企业为主。近日我国商务部出台2018年首批石油商品外贸出口配额，共计1 642万吨，包括汽油655万吨、柴油699万吨、航煤270万吨。地方炼油厂在2017年停止对外贸易后，在2018年的首次配额中依然没能出现，此次配额以中石化、中石油、中化集团以及中海油为重点，其中中石化作为出口量第一的厂商，共计获得配额674万吨，而中石油、中化集团和中海油各种占据575万吨、200万吨与175万吨的配额。成品油出口配额中，国有企业占据95%以上，存在不合理的行政垄断。

打破石油进出口环节的行政垄断，重点领域应包括原油进口业务和成品油出口业务。石油进出口环节的行政垄断主要是由进出口资质和配额导致的，短期内该现象较难改变，针对该环节的改进是鼓励民营资本以多种形式与国有资本相结合，创建利益共同体，例如PPP模式。

二、打破上游准入环节的行政垄断

（一）准入门槛高

石油勘探开发业务存在"玻璃门""玻璃墙"现象，准入门槛高。我国石油市场的各个环节中，最具盈利价值的为勘测开采环节，但其风险也最高，所需的成本最多，成本回收的时间过长。依照中国法律，仅少数几个国有石油厂商具备开展此类业务的资格。仅有的进入这一市场的民营厂商，大多属于"关系密集型"厂商。该业务的进入审批在1997年出现过宽松。当年中石油出于缩减勘测开采所需费用的目的，把下属的11个"低品位的油田"放出，寻找合作厂商。这一行为参照的法律是1986年出台的《矿产资源法》，批准了拥有石油、天然气许可证的厂商划分指定的采区对外招标寻求与其他厂商的合作，共同开发，获得的原油共同分享。中汇石油公司（即中亚石油公司的前身）作为注册地位于香港的石油企业，没有错过这一机遇。依照其与中石油吉林油田签署的协议，在约定时期，中汇石油投资和开采吉林油田的两个向市场开放的区块，吉林油田的职责是布井以及制定开采规划，并以市价收购所获得的原油，吉林油田占总收入的20%，其余归中汇石油。

（二）民营资本投资风险高

准入环节的民营资本承担较大风险，利益所得与国营资本共享，风险与收益不匹配。参与合作的石油厂商负责全部的勘测开发风险，其与中石油的具体合作情况决定了土地许可证与原油出口权的归属，中石油拥有合作业务的相关设备。针对风险较高的采油业务来说，上述标准要求过高。中石油资源管理局原局长查全衡向《财经》记者指出，中石油当时提出了相似的标准，即打井市场的盈利，油田分 20%，民营企业分 80%。当开采的原油可以弥补成本时，再实行盈利四六分或对半分的模式。尽管这样，高额的盈利还是吸引着民营厂商涌入该市场。依照不完全统计，在 1990 年左右，中石油放出的用以合作共同开发的区块不少于 30 个。根据吉林油田 2005 年的相关文件，当年分布于吉林油田附近的民营石油厂商共计 41 家，原油开采量多至 100 万吨，约为吉林油田全部产量的 1/5。

（三）区块外包不可持续、退出机制不完善

根据《矿产资源法》，民营企业无法再获得增量区块，且到期后现有区块能否继续使用前景不明朗。发展步入正轨的民营企业大多担心合作期结束后失去对区块的使用权。根据相关文件，中石油和中亚石油的签订的合同期为 30 年，和 MI 能源的签订的合同期仅 20 年。由于对两大国营石油企业过于依赖，尽管这些民营石油厂商目前获利颇丰，然而长期看来结局很难预料。政策机遇较难把握。2000 年，《矿产资源法》进行调整，不再允许油田的外包、合作开发。从此，民营厂商开发完自己的区块后，无法获得更多的区块，只有收购其他厂商退出市场遗留的区块。

打破上游准入环节的行政垄断应从石油区块问题入手，构建全国石油区块链。区块链技术即分布式账本技术，属于互联网数据库技术，具有去中心化、公正透明的特征，每个个体都享有数据库记录的服务。区块链技术利用共享数据库，及时更新数据，无须人工操作。此外，还能够利用计算机演算法在很短的时间内解决交易和结算的要求，不受第三方验证的烦扰。按照预期，这一技术能够提高管控风险的准确性。该技术的好处至少有三个：一是在特定范围内公开石油区块地质资料，包括勘探部署、探井物理属性、石油资源评价、石油地质储量等；二是构建实时、可靠、以区块链技术为依托的能源贸易数字平台，借此脱离以往烦琐的纸质合同与文件的困扰，推广电子文件、自动化合同与认证转让技术；三是该平台可以减少实货能源交易的业务风险与成本，同时提高交易运行的准确性与便捷性。

三、打破石油终端销售环节的垄断

从成品油销量看，石油销售环节仍存在较强的垄断。参考三大石油公司的年报，中石油加油站个数在 2009 年为 17 262 座，而 2017 年已扩张到的 21 399 座，中石化加油站个数在 2009 年为 29 698 座，2017 年已扩张到 30 633 座；此外，中石化 2017 年营业利润为 870 亿元，同比上升 12.4%。非国有加油站占我国总加油站数量不少，但总的销售量却不高，大部分位于非城区，远离高速公路。民营企业在加油站市场困难重重。石油商会的报告指出，尽管成品油零售市场已开放多年，却依然被三大国有石油集团所占据，它们控制石油全产业链，不仅是成品油供应商，还是成品油销售商，控制国内成品油批发市场份额的 90% 以上以及零售市场份额的 80% 以上。

终端销售环节的垄断的主要原因是我国石油行业的纵向一体化经营模式，民营石油销售企业仅仅从事石油贸易，没有独立油源，在很大程度上受国有石油企业控制。从长远来看，打破终端销售环节的行政垄断需从根本上改变我国石油行业纵向一体化的经营模式；短期内，民营资本或民营企业可以和国有石油企业合作，以多种形式参与成品油销售业务。

第二节　石油行业混合所有制改革

打破行政垄断的根本目的是鼓励各类市场主体公平竞争，包括石油区块、石油进出口资质和配额，通过多种方式共享石油资源，提高经营效率。然而，经过较长时间的垄断，在位石油企业往往拥有更多的便利资源，民营企业和民营资本无法与之抗衡，短期内可考虑以民营资本投资的形式参与，例如混合所有制形式。截至 2018 年 6 月，我国三大石油公司已经进行了一系列混合所有制改革。

一、混合所有制改革现状

（一）中石油

2014 年起，中石油开始出售下游石油销售公司股权，开启混合所有制改革之路。2014年，中石油先后挂牌出售旗下山东、甘肃、广西等多个子公司，2015年2月中石油河南分公司转让51%的股权，2015年8月以3.23亿元出售锦州分公司51%股权，2016年4月中石油南京分公司挂牌1 530万元出售51%股权，2016年5月以1 020万元挂牌转让株洲分公司，2016年5月中石油岳阳分公司以1 020万元出售旗下51%的股权，2017年2月，北京中亚时代能源技术有限公司（中石油）在北京产权交易所以1.5亿元价格挂牌转让旗下48%的产权，2017年3月，中石油在两天内出售西南地区十余家子公司股权。

2012年起，中石油引入社会资本参与管道建设。2012年，全国社保基金、全国工商联下属城市基础设施建设基金、宝钢和中石油共同成立合资公司，四家公司共同合资建设"西气东输三线"，首次开始尝试国有油企引入社会资本参与管道建设。2014年中石油成立东部管道公司，宣布挂牌出售其管道公司全部股权。2015年11月，中石油继续出售中亚管道一半的股权。2016年11月，中石油西气东输管道公司首次向广汇能源开放江苏LNG分销转运站。

2016年，中石油金融板块重组上市，形成三大上市平台。ST济柴通过对重大资产进行置换并发行股份，同时联合支付现金等方式，购买中石油集团旗下中国石油集团资本有限责任公司全部股权，中油资本实现借壳上市。该上市公司属于全方位综合性金融业务公司，业务范围涵盖了财务、银行、信托、保险、金融租赁、保险经纪、证券等多项金融业务。2017年2月，中油资本正式在深圳证券交易所挂牌登陆A股市场，资产规模高达755亿元，是A股市场交易规模最大的重组案例，同时是业务范围最广、持有金融牌照数量最多的上市公司。2017年一季度中油资本营业收入共66.90亿元，同比下降3.35个百分点；净利润为14.43亿元，同比增长2.74个百分点，每股收益大约0.16元。目前，中油资本通过借壳上市总估值大约为1 700亿元。从此，中石油形成了中国石油、中油资本和中油工程三大上市平台。

2016年12月，中石油通过向天利高新注资，并以此为平台上市ST板块，同时更名为中油工程，该公司业务也发生了变更，上市前以石化产品研发生产和销售为主，上市后以地面和储运工程、炼化和环境工程、项目管理服务、核心工程设计、施工和总承包等业务。

（二）中石化

中石化销售公司尝试混合所有制改革，吸纳社会资金，盘活国有资产。2014年中石化下游销售公司与25家企业签订增资协议，以1 070.94亿元出售该销售公司29.99%的股权，是国家大力提倡混合所有制改革后的重要举措，在油品销售业务引入民营资本和社会资本，其中产业投资企业及其组团共9家，投资额326.9亿元、资金占比30.5%；国内企业共12家，投资额为590亿元、资金占比55.1%；与民生有关的投资企业4家，投资额320亿元、资金占比29.9%；民营资本的企业11家，投资额382.9亿元、资金占比35.8%。

（三）中海油

2015年，中海油首次引入混合所有制模式。中海油与私有海底设备制造商（美钻石油钻采系统公司）成立合资公司，主要业务领域是深水设备制造和深水活动开发。2017年，中海油在其下属能源发展公司启动服务和承包业务试点项目，服务板块开始将尝试进行混合所有制改革试点项目，包括浮式生产储油卸油轮（FPSO）运营业务、健康安全环境和冷能及通信等非核心服务。

二、下一步混合所有制思路探讨

三大石油公司这些动作已经取得初步成效，然而，混合所有制改革的路刚刚开始。结合我国石油行业实践，我们认为，可以采用以下几种混合所有制模式，即混合项目制、混合基金模式、合资联营模式。

（一）混合项目制

混合项目制的企业同时具备国有和民营两种成分，其核心市场是特定项目，即PPP（public-private partnership）。具体说来，以某个石油项目为例，国有资本和非国有资本共同成立一个新企业，配备相关支持政策。项目企业对外融资并建设。这一模式在特定的项目基础上，通过提供产品和服务，获得特许权协议，构建"利润同享、风险同担、全面协作"的合作机制，好处在于能够让参与合作的厂商得到比自身单打独斗更好的局面：国有资本付出的成本更低，民营资本负担的风险更小。

1. 优点

大部分石油市场的项目前期成本很高，PPP模式可以有效提高基础设备项目的融资和运行效率。不仅能够扩大资金来源，向整个社会融资，降低国有厂商、国有资本的成本和债务压力；还可以引导民营资本投资到实体经济中，激发我国石油行业市场活力，增加项目盈利能力。主要目标是为了追求利益最大化。这一模式的长处有：①利益共享，增加国有资本杠杆。这一模式并非给予民营厂商过高的盈利，事实上从长远的角度出发，保证合作的各个厂商都能够获得较为可靠的投资收益。若要提升国有资金的效率，可以在项目进行阶段提高非国有资金的股权比重。通过这一模式中建造资本的进出，营造国有资本杠杆。②通过透明化运作和多方监督控制风险。该模式的构成框架特别繁杂，不同类型的资本均能参与，唯有不断提高市场透明度，借助预先制定的冲突协商体系处理发生的问题，最终完成项目。这一模式把股权合作的公司制视作连接点，公司运行较为公正透明，风控能力较强。该模式的操作准则允许民营资本可以介入石油项目以及设备建造的整个流程，借助彼此间的监督，减少项目建设的风险，提升运行能力。

2. 注意事项

在现实情况中，我国石油行业PPP模式签约率低，存在"落地难"的问题，根本原因在于合作定位模糊、民营资本参与度低等问题需待解决。PPP模式以石油项目为主体进行融资，以国有石油企业的前期积累为支撑，充分发挥市场机制作用，注重全社会资本深度参与。但是，石油行业的PPP模式有以下几个问题需注意：第一，可能会导致垄断。由于石油行业投资额较大，一些较小规模的民营资本对该行业的PPP项目望而却步，这就相当于把部分民营资本排除在石油行业PPP项目的合作范围，在一定程度上限制了市场竞争，可能会导致垄断。第二，PPP模式的复杂性可能会降低效率。表现在如下几个方面：一是开展PPP项目，要求几个独立的厂商全力协作，但参与厂商数目较多也会造成项目的限制条件过多。二是考虑到所有与项目有关的商业部门在法律咨询方面存在一定的成本（包含在投标定价中），继而转移给石油厂商。三是复杂的交易体系要求民营和国有厂商构建和该模式相一致的特定能力。目前，民营资本针对这一因素的能力尚需一段时间的改进。四是交易体系的繁杂以及较多的参与厂商都会给项目交流带来困难，尤其是将来出现的难以预测的情况，都会给合同权责纠纷造成一定的时间成本。第三，石油行业的特殊性导致 PPP 项目长期合同缺乏足够的灵活性。出于保证项目的平稳安全的实施，PPP 合同或许要求较高，缺乏灵活性，然而，签订合同的时候必然难以全面地分析未来发生的各种事件，造成项目实施后难以随时调整合同，死板地处理问题。

这些问题的解决途径在于：一是在石油项目合作前需考虑民营资本的合作资质，综合考虑项目合作的准入门槛，尽量给更多的民营资本机会；二是增加民营资本和国有企业之间的沟通渠道，提高交流效率；三是在 PPP 项目前就提前做好项目规划，重点在项目成本核算与控制、民营资本参与度等方面尽量细致，同时保留适度的灵活性。

（二）混合基金模式

混合基金模式是指国有资本和民营资本融合，形成混合所有制改革基金，以投资公司、担保公司、信托公司等形式，主要用于投资石油行业或重要石油项目。这种组织形式可以提升混合所有制变革的效率，改善标的厂商的发展治理框架以及国有股权比重，提高国营上市企业市值管理和对应资产的证券化比重，使国有资本和民营厂商均能获得盈利。推动混合所有制经济发展和资本的交融最明显的表现便是混合型基金模式，其能够合理发挥国营资本投资、营运厂商的资本流动平台的效用。针对混合所有制的调整重点便是资本的管理，资本在市场中的流动整合必然要使用不同的基金进行投融资以及发展相关产业。在一定时期内，石油行业混合型基金模式的应用范围会进一步扩大，甚至成为民营资本进入石油行业的主流途径。

混合基金模式的优点在于，混合基金模式能充分满足我国石油项目投资额巨大的难题。当前，以资产证券化、产权多元化调整的背景下，石油厂商混合所有制变革的前景广阔。该制度的变革能够进一步增加国有资本和民营资本的优点。此外，混合所有制的变革，必然推动很多高效率混合所有制的国有厂商以及大型民营厂商，出于资本的累积，选取新三板等资本平台进行融资。

混合基金的资金混合方式较为直接，一般吸收国有和民营资本，利用特定的基金企业来运作，进行混改和融合资本。在实践阶段必须注重以下几点：①这一模式关于资本运作效率设定了较高的标准，可以适当吸引相关基金和石油市场的人才，使其互相协作实施混改。混改基金应当在改革的大背景下抓住市场机遇，引进多元化的战略合作者，融合更多的社会资本。该基金重要的投资方式有帮助国有上市企业组建并购基金、购买增发股份、通过资金来帮助企业职工实施持股规划等。上述投资方案均对基金企业的发展以及资金运营提出了严格的要求。②资本量过多。该基金模式的企业大多将资产管理视作核心业务，介入石油厂商的重组和改造，推动国有资本合理进出，利用各式各样的运作方式提高国有资产的灵活性，对资金量要求较高，有时多至百亿元。

（三）合资联营模式

合资联营表示的是各机构厂商一起投资以及运营公司，与上述合营、合作、联营等方式不同，合营指的是依照签订的合同一起管理特定的经济业务，合作模式在大多数情况下与产权的变动无关，联营厂商大多以投资厂商为依赖。而合资联营模式的独立性更高，公司自身的资源所有权，不仅不会被特定的经济业务所禁锢，而且不必依赖其他的投资企业，该模式实施的重要方式包括并购重组、增资扩股以及减资转让等。

考虑到民营厂商具备的资本大多不高，其对国有厂商并购面临较大的困难，因此大多数时候通过增资扩股等方式来实施混合所有制的改革。公司借助增发股份的方式提高自身的资金以便于投资，即增量型混合方式，国有企业能够借此吸收民营资本。

减资转让指的是国有企业借助转让流转的方法，把一些国有产权转移给社会资本，一般表现为公司拆分上市或者出让来保证自身的日常运行，降低国有公司的注册资本。当进行混合所有制改革时，这一措施能够帮助一些国有厂商逐渐离开竞争性环节。然而，这一措施会具备寻租以及国有资产损失等弊端，上述现象应当引起关注。

我国石油行业混合所有制改革可分三步走，首先，以混合项目制形式进行合作。其次，民营资本和国有资本可先进行小规模合作试水，然后选择混合基金产品模式，盘活我国石油行业资金。最后，在此基础上，可重点考虑民营资本和国有资本融合，构建合资联营石油企业。

第三节　鼓励新企业进入石油行业

随着混合所有制度改革的深化，民营资本和国有资本紧密结合，充分渗透，进一步鼓励民营企业以独立企业法人的形式进入石油行业，打破行政垄断，激发石油行业活力，造成各类市场主体公平竞争的局面。在民营企业进入石油行业过程中，不能"一刀切"，需根据石油行业链上各业务领域的性质进行分类监管。

一、石油行业放松进入监管

放松对市场金融的审批指的是批准部分新厂商参与石油市场相关业务领域，提高石油市场中的厂商数目，借此调整市场结构，将垄断市场调整为竞争市场。我国传统石油市场的垄断性体现在以下两个角度：①国有企业垄断。当前的市场结构的调整必须改变这一垄断模式，例如将大型石油企业分割为若干子公司，也可以再组建若干个负责相同业务的企业，且均为国有独资企业或国有控股企业。②排除外来资本。若要改变该垄断模式，可以批准民营企业开展石油市场相关业务，以此提高市场的竞争程度。长期看来，主要工作在于放宽市场准入要求，引进民间资本，构成混合所有制的厂商以及独立的民营厂商。

根据实际情况，刚进入石油市场的民间企业，在其开展相关业务时必然面临很多障碍。如在位石油垄断厂商通过自身具备的网络设备抢夺市场份额，这一问题值得注意。事实上，若只是简单地放宽市场准入要求，新的石油厂商开展相关业务必然会面临许多困难。这主要是由于在位的垄断石油大厂商同新的厂商在市场地位方面有着显著的差距。因此，相关部门必须构建合理的市场准入体系来为新企业创建一个公平竞争的市场环境，措施如下：①为新厂商进入市场营造合理的区间。出于保护新厂商进入市场后的权利，在位垄断的大型石油公司控制的网络必须允许新企业的使用，即各个石油厂商应当公正、平等的共享资源。因此，必须注意两个方面：一是石油管输网络的开放问题。石油管输网络作为石油产业经营的必要条件,但是,新进入者一开始要想构建管输网络具有一定的难度。要想新企业融入到当前市场,必须建立现有市场经营者与新进入者之间的网络连接制度。该制度应当包括互联互通,从网络的视角建立二者间的联系,从而有利于新进入者的接入。二是为保证新进入者能够公平进入现有市场的管输网络,相关政府部门应当使进入制度透明化,并公正执行这些制度。②实现新进入者与当前市场垄断企业之间的公平竞争。由于放松监管接入的新企业,应当营造新进入者与当前市场垄断企业之间合理竞争的先决条件,措施如下:第一,现有市场垄断性企业应当依照全成本定价获得盈利,而不是通过在垄断性经营业务和竞争性经营业务之间进行交叉补贴,从而获得超额利润。所以,有必要制定相关制度以阻止在放松管制的情况下,垄断性经营业务与竞争性经营业务之间的内部交叉补贴。第二,经营石油管输网络的企业在网络经营过程中应当保持中立的态度。为保证新进入者网络接入的公平性,在网络费用接入方面,应当建立合理的成本分摊制度。所以,以管输网络经营为主的企业,以及负责石油企业的经营管输网络的部门应当与其他经营业务相分离,构建由政府监管的审核制度。

当政府监管机构实施放松进入监管政策时应当注意,并不是在石油产业的所有业务环节都允许所有民营企业进入,即完全放松监管。主要是由于石油产业依然存在一定程度的自然垄断性、公共产品性,尤其在石油管输网络的建设中,在特定区域内通常只有一家或极少一部分企业具有垄断经营性。由此可知,应当综合考虑石油产业的特征,实施恰当的放松监管制度。而相关政府放松监管政策的实施应当坚持以下原则:最大限度使民营企业发挥作用,政府可在民营企业不愿参与的情况下进行干预。当有些项目投资规模大、投资回收期长或很有可能不能回收的项目,政府部门应当对其实施一定的控制。因此,石油行业放松进入监管过程需进行分类监管。

二、石油行业分类进入监管

在我国,石油产业的分类别进入监管政策主要是基于该产业的业务类型,根据打算进入该产业的相关企业的特征实施不同的放松进入监管政策。改革后的石油产业存在两种经济特征的业务,即自然垄断性业务和竞争性业务,因此，应当对其实施不同的放松监管政策。就自然垄断性业务来说，例如，石油管道的运输业务，由于其具有网络经济特征，由众多石油企业建设输油管道是不经济的，并且石油输送管道的建设成本及维护成本都较高。所以，在这一业务中应当严格控制新进入者的进入，适当允许极少数企业经营该项业务。就竞争性业务而言，如石油的勘探与开采业务、储存、冶化和销售等业务，应适当放松进入监管以促进企业间的竞争。尽管石油勘探与开采业务属于石油产业的竞争性业务，但其规模经济性使得政府部门应该适当放松进入监管；石油的储存业务和冶化业务同样具有规模经济性，因此，政府部门应需要依照最小规模经济放松进入监管；然而，石油产业的销售业务不具有明显的规模经济性，因此可以放松进入监管，以促进企业间的竞争。如表5-1所示，给出了石油产业改革后分类进入监管政策的重要业务。

表 5-1　　　　　　　　石油行业分类进入监管政策

重点业务	重组前业务性质	业务性质	分类进入监管政策的重点
勘探开采	行政垄断	竞争性	逐渐放宽进入监管
存储	行政垄断	竞争性	以最小经济规模放宽进入监管
管输	自然垄断、行政垄断	寡头垄断	实施严格的进入监管，并确保管网设施的平等开放
炼化	行政垄断	竞争性	以最小经济规模放宽进入监管
销售	行政垄断	竞争性	放开进入监管，引进竞争

三、分类价格监管政策

石油产业不同的业务类型适用不同的分类价格监管政策，因此，针对不同环节的业务需要制定合理的价格监管政策。在制定分类价格监管政策时应当重点参考石油产业链上的主要业务类型，并以此为依据。由表5-2可看出，企业的石油勘探和开采业务主要是参考国际市场价格自主定价，现有阶段企业对原油价格具有很强的操纵能力，然而改革后的石油勘探与开采业务具有竞争性，应逐渐与国际石油价格趋同。自建自用是现阶段石油管道运输业务的主要模式，因此当前主要是以企业内部转账交易类型为主，而没有形成全国统一价格机制。改革后的管输业务只有很少的企业经营，并可能促使企业单方面控制石油管输价格。此时，石油管输业务应当规定最高限价，以防企业垄断现有价格。石油炼化业务，主要包括汽油、柴油以及化工产品等，其中汽油、柴油等价格以政府部门定价或指导价格为主，而化工产品已经形成了以市场化为主的价格。改革后的分类价格监管制度将汽油、柴油等的政府定价和政府指导价格取消，也就是放开了对此的价格监管。在石油业务的销售环节，现阶段价格的最高制定由国家发改委决定，有些地区也实行了一省一价的政策。石油销售市场在经历了市场结构调整后具备竞争性，应当逐渐废除价格监管。

表 5-2　　　　　　　中国石油行业的分类价格监管政策

重点业务	现行定价制度	分类价格监管政策
勘探开采	由企业参照国际市场价格自主制定	逐渐与国际原油市场价格接轨
管输	石油管道运输以自建自用模式为主，没有全国统一定价制度	设置管道运输最高限价，防止企业制定垄断高价
炼化	汽油、柴油等执行政府定价或政府指导价；化工产品是市场化价格	取消政府定价或政府指导价，放开汽油、柴油等产品的价格监管
销售	由国家发改委制定最高零售价格，部分地区实行一省一价	逐步取消价格监管

资料来源：现行定价制度参考国家发改委于2013年制定的《石油价格管理办法》（试行）。

第四节　国有企业和民营企业在石油行业合理分布

我国石油产业由于民营资本和民营企业的加入，被分为国有企业和民营企业两种类型，并且两种类型的石油企业间存在明显的差异。其中，国有企业一方面谋求利润最大化，另一方面还担负着能源存储等职责，而民营企业主要以实现企业利润最大化为主要目标。如何对国有企业和民营企业做出合理的分类，也就是说石油产业不同所有制情况下的企业布局问题，已成为石油产业进行结构改革后面对的主要问题。对不同所有制情况下的企业进行分类布局主要是为了对从事石油产业的各个业务领域的企业，其所属的所有制性质进行区分。各个所有制厂商科学布局的核心准则应当是：石油管输市场属于自然垄断市场，需采用国有资本控股的方式运营，合理引进社会资本；针对存在竞争的市场，需合理引进非国有厂商或社会资本，不断缩减国有资本的比重，见表5-3。

表5-3　　　　　　　　国有企业和民营企业的合理分布

重点业务	目前石油企业的类型	改革后国企和民企的分布
勘探开采	国有厂商占据该市场，民营厂商必须同其合作才可以开展此类业务	近年来依然是国有企业掌控大局，但也在不断引进非国有企业和社会资本
管输	国有企业垄断	国有资本控股，合理引入社会资本
存储	大多数业务被国有企业控制	向符合最小经济规模要求的厂商公平开放，忽略国有企业和民营企业的区别
炼化	大部分市场受国有企业所属炼化厂商控制	向符合石油炼化最小经济规模要求的厂商公平开放，忽略国有企业和民营企业的区别
销售	大部分市场依然受国有企业占据	全部向非国有厂商开放

当前，我国的石油勘探和开采业务都由国有企业所掌控，而民营企业要想参与进来，只能选择与国有企业合作。通过合作，将非国有企业和社会资本引入该业务领域有助于对所有制结构进行优化，所以，以国有企业为主，并积极引入非国有企业和社会资本，是改革以来石油勘探和开采业务的主要形式。此外，在石油产业的运输业务方面，应当严格控制进入企业的质量和数量。结构改革后的石油产业，由于管道运输业务的自然垄断性，其运营业务应当由国有企业控制，需将社会资本合理引进到管输网络的建造中。由于石油产业的储存和冶炼业务存在一定程度的规模经济效益，所以当企业达到最小经济规模时应当对其公平开放，无须再对国有企业和民营企业进行区分。石油产业的销售业务需要企业对市场变化做出快速反应，与国有企业相比，民营企业拥有更高的运行效率。综上所述，这一业务环节能够对非国有企业全面放开。

| 第六章 |
典型国家石油行业组织与监管经验借鉴

美国、挪威和巴西是在石油行业组织与监管方面非常具有代表性的国家。美国是世界上最大的石油消费国,也是重要的石油生产国。美国是世界上石油行业市场化水平最高的国家,同时也是政府监管体系非常完善的国家,美国的石油产业组织和监管体系经常被其他国家当作参照对象。挪威是发达国家中比较少见的政府高度参与石油行业运行的石油生产国,其国家参与石油行业的方式以及对国家石油公司的治理与监管经验被许多国家借鉴和学习。巴西是新兴经济体的代表性国家,其石油行业改革的经验与教训非常值得其他相似国家借鉴。

本章选取这三个国家作为典型国家研究的样本,通过对三个国家的石油行业组织结构和监管体系进行横向比较分析,为我国的石油行业组织与监管体系建设提供经验借鉴。

第一节 典型国家的石油行业组织结构

一、美国的石油行业组织结构

(一) 上游生产环节的组织结构

2013年,得克萨斯(35%)、北达科他(12%)、加利福尼亚(7%)、阿拉斯加(7%)和俄克拉荷马(4%)五个州加上墨西哥湾(17%)的石油产量，占美国国内原油（含凝析油）总产量的比重为80%，约为6 000千桶/天。全美2013年的原油总产量为7 400千桶/天，比上一年度增加了15%。

由于美国的炼油厂可以自由从国外进口原油，因此国内原油生产商控制市场的能力不强。美国全国共有15 000家左右的企业从事石油勘探开发与生产，其中80%为中小企业，前20家石油生产企业的产量占总产量的比重超过60%[1]。

（二）中游生产环节的组织结构

美国2013年全国的炼油产能为17 818千桶/天，占世界炼油总产能的比重为18.8%[2]。在1984~2004年，美国石油产业的炼油环节发生了一场结构性变革，主要趋势是炼油厂数量持续减少但是总体炼油产能持续增加，这意味着单个炼油厂的规模在不断扩大[3]。目前，美国共有57家公司经营139家正常运行的炼油厂，另外有3家炼油厂的产能空置[4]。2000年以来，美国炼油生产的集中程度有所提高，2013年前五家最大的炼油公司的产能占总产能的比重为44%，比2000年提高了5个百分点。

（三）下游分销零售环节的组织结构

美国全国共计约有153 000座加油站[5]。自2007年以来，大型一体化石油公司的经营焦点主要集中于资源开发和精炼业务，正在逐步退出成品油零售市场。大量小企业接手了大型公司退出后的零售市场。据北美便利店协会（NACS）统计，在美国有126 658家便利店从事燃料销售，这些零售店的销售数量约占全国总销量的80%，这些便利店中有约58%的店铺是单体店，其中由5家主要石油公司所有并直接经营的便利店数量不足0.4%。大型连锁超级市场正在成为美国一种重要的成品油零售渠道。2013年，5 093家大型

---

[1] 林卫斌，方敏. 能源管理体制比较与研究 [M]. 商务印书馆，2013.
[2] BP. BP Statistical Review of world energy，2014.
[3] Federal Trade Commission. The petroleum Industry: Mergers, Structural change, and Antitrust Enforcement. FTC Staff Study, 2004.
[4] EIA. Refinery Capacity Report. www.eia.gov/petroleum/refinerycapacity，2014.
[5] NACS. 2014 Retail Fuels Report. www.nacsonline.com，2014.

连锁超级市场的汽车燃料销售约占全国销售总量的 12.6%。

二、挪威的石油行业组织结构

(一) 上游生产环节的组织结构

挪威共有将近 60 家石油公司从事大陆架海上石油生产，其中有 1/3 是具有一项以上生产许可的指定生产商，挪威国家石油公司（Statoil）就独自占据了 70% 的市场份额。随着大陆架油田生产日趋成熟，挪威需要吸引更具能力的新参与者加入上游生产环节[①]。

(二) 中游生产环节的组织结构

挪威有两个大型的炼油厂，一个是位于卑尔根（Bergen）附近由挪威国家石油公司与壳牌石油公司合资经营的蒙斯塔德（Mongstad）炼油厂，另外一个是位于奥斯陆（Oslo）南部由埃索（Esso）公司所有的斯拉根（Slagen）炼油厂，它们的产能分别为 200 千桶/天和 110 千桶/天。这两家炼油厂的约 30% 产量用于满足挪威国内市场需求，剩余的大部分用于出口。由于蒙斯塔德炼油厂的产品能够满足欧盟严苛的质量与环境标准，因此挪威成为欧盟国家最主要的汽柴油产品供应国[②]。

(三) 下游批发零售环节的组织结构

为数极少的企业控制了挪威内成品油批发和零售环节。挪威国家石油公司、壳牌、埃索和 Uno-X Energi 四家规模最大的公司控制了挪威国内约 97% 的汽柴油零售市场，挪威国家石油公司、壳牌和埃索三家公司控制了市场 80% 的份额。挪威国家石油公司是规模最大的零售商，占据了汽车燃料市场 33% 的份额[③]。

[①] Energy Policies of IEA Countries-Norway 2011 Review. www.iea.org. 2011.
[②] EIA. Countries Analysis-Norway. www.eia.gov/countries/analysisbriefs/Norway. 2014.
[③] Energy Policies of IEA Countries-Norway 2011 Review. www.iea.org. 2011.

三、巴西的石油行业组织结构

(一) 上游生产环节的组织结构

巴西的大部分油田都位于该国东南部的里约热内卢和圣埃斯皮里图州，90%的原油生产来自于海上深水油田，大部分产出为重质油。一体化的国家石油公司（Petrobras）是巴西最重要的石油勘探和生产企业，约占全国石油生产份额的90%，该公司也是2013年排名世界第十三位的大型石油公司。国际石油公司在巴西的原油生产中也占有一定的地位，壳牌石油公司运营的科卡斯油田（Parque de Conchas）项目以及雪佛龙（Chevron）运营的弗雷德（Frade）项目的产量分别为75千桶/天、85千桶/天。此外，雷普索尔石油公司（Repsol）、英国石油公司（BP）、阿纳达科石油公司（Anadarko）、埃尔帕索（EI Paso）、葡萄牙高浦能源（Galp Energia）、挪威国家石油公司（Statoil）、英国天然气集团（BG Group）、中石化（Sinopec）、印度石油天然气公司（ONGC）等外国公司都参与了巴西的石油勘探与生产活动，巴西本国的民营石油公司OGX的坎波斯（Campos）盆地项目也于2011年开始投入生产。

(二) 中游生产环节的组织结构

2013年，巴西的石油精炼能力达到2 093千桶/天，比上一年增加了4.6%。由于巴西本国出产的主要为重质原油，而本国加工精炼重质原油的能力不足，所以巴西在出口大量重质原油的同时还需要进口大量的轻质原油。巴西全国共有13座炼油厂，其中的12座炼油厂由巴西国家石油公司（Petrobras）运营，最大的炼油厂是位于圣保罗（Sao Paulo）的拥有415千桶/天加工能力的巴西派里尼亚炼油厂（Pailinia），巴西国家石油公司的炼油能力约为2 000千桶/天。随着市场需求的快速增长，巴西炼油厂的产能利用率已经接近100%。

(三) 下游分销零售环节的组织结构

巴西石油产业的下游分销零售环节中共有约300家分销商，40 000座加油站。其中，巴西国家石油公司拥有7 710座加油站，伊皮兰加（Ipiranga）

拥有 5 662 座加油站，壳牌石油公司（Shell）在巴西本身拥有 2 740 座加油站，通过与科赞（Cosan）组建的合资公司雷普能源（Raizen）总共控制了约 4 500 座加油站。巴西新的石油规制法律允许独立加油站从任意分销商处采购成品油，目前独立加油站的数量约占加油站总数的四成。

第二节 典型国家的石油行业政府监管体系

美国、挪威和巴西的石油行业监管体系主要由监管法律法规体系和监管机构体系两部分构成。各国监管法律法规体系的规制对象比较相似，基本上都覆盖了石油产业链上的主要生产经营活动。各国监管机构体系的具体构成情况差异较大，主要表现在监管机构的设置、监管范围的划分和监管权力的归属等方面，但是权由法授、权责法定、依法监管是各国石油行业监管机构体系的主要特点。

一、美国的石油行业监管体系

（一）美国的石油行业监管法律法规

1. 勘探生产监管法律法规

《矿产租约法》（经多次修订）是管理联邦土地上的石油产业上游活动的主要法律。《外大陆架土地法》和《水下土地法》是管理联邦海域石油产业上游活动的主要法律。此外，与石油上游产业生产活动有关的联邦法规还包括《石油和天然气权利金管理法》《深水区权利金减免法》等。州一级层面上颁布的法律法规如《得克萨斯州自然资源法典》《加利福尼亚州公共资源法典》等，主要管理州属土地、州属海域以及私人土地上的石油勘探与生产活动。

2. 健康、安全、环境法律法规

在限制污染物排放方面，《资源保护与恢复法》（RCRA）对固体和危险废物排放做出了规定，《综合环境响应、补偿和责任法》（CERCLA）对清洁被污染场所做出了规定，《清洁空气法》对移动和静止排放源的空气排放做出了规定，《清洁水法》和《安全饮用水法》保护地表水和地下饮用水源。这些法律都不是专门针对石油产业制定的，但是石油产业的生产经营活动必须严格遵守这些法律的相关规定。

在《清洁水法》的框架下，EPA 发布了针对石油上游和下游运营活动的排放指南，以及通航水域中石油排放的适用规则。1990 年的《石油污染法》主要针对的是在通航水域、相邻海岸线以及专属经济区中发生的石油泄漏事故的清洁和损害评估。

在生态环境保护方面，《濒危物种保护法》对那些可能实质性损害濒危物种的活动做出了禁止或者严格限制的规定。《渔业保护和管理法》《海洋哺乳动物保护法》对海上石油勘探活动做出了相应的规定。《候鸟保护条例》禁止猎取或损害候鸟，该法律适用于石油和天然气开采活动。

在健康与安全方面，《外大陆架土地法》授权联邦内政部管理海上石油天然气勘探开发租约，同时授权内政部通过许可、调查和执法行动对开发活动实施监管。《外大陆架土地法》的许可审查方案中包含了广泛的健康和安全要求。职业健康与安全监管的主要法律依据是 1970 年颁布的《职业安全与健康法》以及职业安全与健康管理局制定的系列法规。

在国土安全方面，联邦国土安全部依据 2002 年颁布的《海事交通安全法》（MTSA）和《化学设施反恐标准》（CFATS）对石油产业生产活动实施监管。

在油品质量和成分监管方面，联邦层面的监管法律依据主要是《清洁空气法》和《能源独立与安全法》，以及 EPA 制定的标准和法规。在州层面上，加利福尼亚州监管机构于 2009 年采用了低碳燃料标准（LCFS）。除加利福尼亚州之外，美国另外有 11 个州于 2011 年签署了采纳低碳燃料标准的谅解备忘录，并发布了一个计划框架草案。EPA 对润滑油、溶剂油等其他石油产品质量实施监管的法律依据是 1977 年生效的《有毒物质控制法》。

3. 竞争政策

美国联邦反托拉斯机构实施石油行业监管的法律依据是《谢尔曼法》、《克莱顿法》和《罗宾逊—帕特曼法》等通用的反托拉斯法律。联邦贸易委员会还负责反不公平竞争行为的《联邦贸易委员会法》的执法工作。美国许多州还有自己的反托拉斯法和不公平竞争法。对石油租约持股集中程度进行规制的是海洋能源管理局（BOEM）制定的受限制联合竞标者目录，任何投标被正式接受之前都需要通过联邦贸易委员会和司法部进行的外大陆架租约中标评估。《石油销售实践法》（PMPA）是规制汽油零售纵向关系的主要联邦法律。该法规定了供应商在何种情况下可以终止或者不再更新特许经营协议。此外，在规制石油产业下游纵向关系方面，马里兰等六个州和哥伦比亚特区都实施了要求炼油厂和加油站分离经营的法律。

（二）美国石油行业的主要监管机构及其主要职责

1. 石油勘探生产监管机构

美国政府对石油勘探生产的监管是分成联邦政府和州政府两个层面进行的，联邦政府层面的监管主要由美国内政部相关司局负责，州政府层面的监管由各主要产油州的专门机构负责。

美国联邦内政部负责石油勘探生产监管的部门是土地管理局（BLM）、海洋能源管理局（BOEM）、安全和环境执法局（BSEE）、自然资源收益办公室和印第安事务局。其中，土地管理局主要负责对美国联邦土地上的陆基石油勘探生产活动实施监管，海洋能源管理局、安全和环境执法局负责监管联邦海上石油生产活动，印第安事务局与土地管理局一起管理印第安保留地上的石油开发活动，自然资源收益办公室负责征收联邦海上和陆上石油生产的权利金。

几乎每个美国主要产油州政府都设置了一个监管石油产业上游生产活动的机构，例如得克萨斯铁路委员会，加利福尼亚州资源保护部石油天然气和地热资源局，阿拉斯加州自然资源部石油和天然气资源局等。

2. 石油运输管道运行监管机构

美国联邦能源监管委员会（FERC）负责对美国国内跨州石油运输管道的商业运行实施监管，其主要职责是监管跨州石油管道运输业务的定价行为，创造平等服务条件以便为石油管道运输的发货人提供平等接入，为石油及其制品的管道运输确立合理的价格。为了实现监管目的，联邦能源监管委员会要求石油管道运营公司公开收费表，对管道公司进行审计，并收集与监管对象的相关信息。根据《跨洲商业法》（ICA）的规定，联邦能源监管委员会不对市场的进入和退出实施监管，也就是不监管石油管道的建设、扩张或者废弃。

对于那些不跨越联邦土地的石油管道和美国各州内部的石油管道，其建设和运营不必获得联邦能源监管委员会或者任何其他联邦机构的批准，但是必须依照州和地方法律的规定取得相应的许可。

3. 环境与安全、健康监管机构

在石油勘探和生产环节，美国33个产油州的860 000个施工工地都要接受来自联邦政府和州政府两个层面的环境监管（API，2014）。美国国家环保局（EPA）、内政部的海洋能源管理局（BOEM）以及安全和环境执法局（BSEE）是负责环境保护的联邦监管机构，各州也有自己的环境监管机构。联邦土地上的陆基石油和天然气生产活动还必须遵从联邦土地管理局（BLM）的环境监管。

EPA在石油上游产业中的监管职责主要有以下几个方面：一是陆基钻井对空气质量的影响；二是陆基钻井和废物排放；三是海上钻井与空气质量；四是海上钻井与水污染。

海洋能源管理局（BOEM）以及安全和环境执法局（BSEE）主要负责海上石油钻探活动的环境监管。BOEM主要负责以经济的和环境友好的方式管理美国的海洋资源，与石油工业直接相关的职能包括石油和天然气开发计划的管理、国家环境政策法案分析以及环境研究。BSEE的职责包括海上石油天然气勘探生产活动的安全和环境监督，包括对制定和执行环境和安全规制政策和法规，批准海上勘探开发生产活动，对海上勘探开发活动进行检查以及对石油泄漏事故做出应急响应等。隶属于国土安全部的美国海岸警备队（USCG），负责处理大陆架区域中所有石油生产相关船只（钻井、运输、维修）上的海员与钻井操作人员的职业安全问题，同时还负责监管海上燃料运输安全以及一些环境标准的执行情况。

在石油管道运输环节，美国联邦交通部（DOT）的管道与危险材料安全管理局（PHMSA）负责监管跨洲管道的设计、建设、运行、维护等方面的安全问题，州监管机构负责监管各州内管道的安全问题。美国国土安全部是保护关键性基础设施的牵头部门，在联邦交通部的配合下对危险材料运输包括管道运输实施监管。国土安全部下设的交通安全管理局交通部门网络管理办公室管道保护处负责全国危险液体和天然气管道的保护工作，其主要职能是制订管道保护计划、开展关键资产分析和建立管道企业与政府部门之间的沟通网络。EPA 负责对管道泄漏实施监管并对泄漏事故做出应急响应。

在炼油环节，炼油生产加工环节和产品质量都要接受联邦和州环境监管机构的监管。EPA 是主要的联邦环境监管机构，负责对炼油生产过程的污染物排放以及产品的生产质量标准实施监管。EPA 还负责制定汽车燃料和燃料添加剂的成分标准。各州可以根据自己本地的空气质量情况制定本州特定的标准。同时，各州还有自己负责实施环境监管的机构，例如美国加利福尼亚州环境资源局（CARB）。美国职业健康安全局（OSHA）对炼油行业实施安全和健康监管。

4. 一般性商业反垄断监管机构

美国的联邦反垄断机构有两个，一是美国联邦司法部反托拉斯局，二是美国联邦贸易委员会。美国联邦贸易委员会是隶属于国会的具有准司法性质的行政执法机构，主要职能是制止商业和贸易领域的不正当竞争行为，兼有反垄断和保护消费者权益的职能，但不负责构成犯罪的垄断案件的处理。司法部反托拉斯局是隶属于联邦政府的行政执法机构，主要职能是对构成犯罪的垄断案件进行调查并向法院提起诉讼，也负责调查一些不构成犯罪的垄断案件，但没有消费者保护职能。

二、挪威的石油行业监管体系

（一）挪威石油行业监管法律法规及政策

1. 石油法

1996 年颁布实施的《石油法》是规制挪威石油行业的主要法律。《石油税法》《工作环境法》《污染保护法》等其他法律为石油法提供了有益的补充。

挪威石油法为石油活动提供了全面的规定和要求，包括：许可证颁发，勘探，油田开发与基础设施，联合行动以及涵盖不同许可证指定区域的油田和油区的联合经营，石油活动的终止与停止。此外，石油法还包含了与许多特定主题相关的条款，包括：许可证的转移与抵押，保险要求，污染责任，经石油和能源部批准的许可证持有人在履行义务和承担石油活动相关责任方面的保证。

石油法授权政府相关部门制定与石油活动有关的更为详细的监管条例，其中比较重要的条例包括1997年颁布的《石油条例》，2001年颁布的《资源管理条例》，2005年颁布的《他人使用设施条例》，2001年颁布的《石油计量条例》，1976年颁布的《名义价格固定条例》等。

2. 环境影响评估政策

石油法规定的环境影响评估是挪威石油开采中的一个重要部分。油区被开采之前，一定要进行相关环境影响评估研究。石油能源部负责此研究的执行。在评估基础上，议会对在一地区石油活动的利弊进行全面衡量。如弊在一定程度上大于利，生产许可不获准颁发。议会和政府均有对某地区进行特殊限制的权力，如在某时期内禁止钻探等。

3. 国家石油安全、健康、环境（HSE）法律体系

挪威国家石油 HSE 法律体系分为法律、条例、指南、标准和企业内部标准五个层级。涉及 HSE 的法律有《石油法》《工作环境法》《产品控制法》《污染控制法》《健康法》。挪威主要的 HSE 条例有五部，《石油安全条例（框架规定）》《管理条例》《信息和责任条例》《设备法规》和《工作条例》。《石油安全条例》是由国王签署并颁布的，该条例确定了石油及相关活动的 HSE 法律框架，规定了责任方、范围、工作时间、海上法律的应用以及相关理论。其他四个条例由石油安全局（PSA）、气候与污染局以及健康理事会共同制定。

4. 竞争政策

1993年6月11日，挪威制定了《竞争法》，并于1994年1月1日施行。2004年5月1日，修订后的《竞争法》正式实施。2004年12月，该法又略有修订，修订部分于2005年1月1日起实施。挪威《竞争法》共7章34款，对竞争执法机关职责、违反《竞争法》的行为及干预措施、合作各方信息披露方式、执法机关调查程序、违规处罚方式、与欧盟法律以及其他相关法律的关系等均做了明确规定。

（二）挪威石油行业主要监管机构及其主要职责

1. 上游生产环节的监管机构

在挪威大陆架进行的石油相关活动需要获得生产许可证，石油勘探生产的每个重要阶段都需要获得其他的授权、批准和同意。挪威的石油生产许可证体系依照法律设立，并在挪威国家石油理事会的协助下由石油能源部直接管理。

当一个油区的面积扩展到了多个生产许可证指定区域时，不同许可证的持有人被要求就如何最有效地开发油区达成一致（即联合经营）并获得石油能源部的批准。如果多个许可证持有人之间无法达成一致，那么就由石油能源部来决定如何进行生产开发以及如何分配油藏。当问题发生在不同国家（主要是挪威与英国）之间时，解决问题的原则和方式与领海内的情况相似。

2. 石油计量管理机构

为了计算国家从石油活动中获得的收入，从挪威大陆架产出和出口的石油必须得到合理准确的计量，相关计量标准由挪威国家石油理事会（NPD）设定。在挪威国家石油理事会制定的法规中规定了对计量、计量设备和报告的特定要求，任何对法规要求的偏离都需要获得挪威国家石油理事会的同意。

3. 管道运输环节的监管机构

在挪威大陆架建设和运营油气管道需要获得许可证。通常来说，生产许可证持有人会同时递交开发申请和管道建设与运营申请。不过，石油能源部也有权单独发放建设和运营管道设施的许可证。管道基础设施的参与权益能够以与石油生产许可证相同的方式转让。

挪威石油法建立了一个允许第三方接入管道及其他基础设施的体制，相关各方可以自由协商第三方接入条件。当相关各方在合理的期限内无法就接入条件达成一致时，石油能源部可以决定某个第三方是否有权使用其他许可证持有人的装置设施以及使用费用和其他条件。这种强制性第三方接入的前提是石油能源部能够确认第三方接入不会对设施所有者和其他使用者造成不合理的限制。

4. 健康、安全和工作环境监管机构

挪威石油安全局（PSA）是对石油开发生产全过程的技术与操作安全、

应急准备和工作环境实施监管的机构。其主要职责包括：制定条例；对已获得生产许可的石油公司进行监督；就许可证发放、组织机构设置和安全区设立等方面的问题向政府部门提供建议；向企业和公众提供行业指导和信息服务；开展与国外企业的合作。气候与污染局和卫生委员会也在其各自的职责范围内对健康、安全和环境问题拥有监管权力。

5. 环境监管机构

在挪威，石油活动的全部阶段都需要符合国家环境和气候政策的要求。石油能源部与环境部气候和污染局是负责环境许可的监管机构，其各自的职责范围包括：二氧化碳排放、氮氧化物排放、采出水排放、向海水中排放化学物，以及石油排放等。

6. 竞争执法机构

挪威《竞争法》的执法机构包括国王、政府管理与改革部以及挪威竞争署（NCA）。

国王可以指派竞争署处理某一项案件，可以颁布有关竞争署的组织结构和业务活动的详细规定和说明。国王可以颁布关于《竞争法》的更详细的规定，当《竞争法》与其他法令冲突时，国王可以颁布特殊条例来界定不同执法机关的职责。国王还可以通过法令对特定行业进行豁免。政府管理与改革部的主要职责是起草和制定《竞争法》并监督《竞争法》的实施；根据 EEA 协议不断完善《竞争法》；为竞争署的活动提供框架，负责处理对竞争署的投诉，受理对竞争署决定的上诉，当认为竞争署决定无效时可以更改竞争署的决定。竞争署的主要职责是监管市场竞争行为。

三、巴西的石油行业监管体系

（一）巴西石油行业监管法律法规与政策

1. 石油勘探生产监管法律法规

《No. 9478/1997 法》，又称作《石油法》，规制国家能源政策，建立国家能源政策委员会和国家石油天然气及生物燃料署；

《No. 2455/1998 联邦法令》，国家石油天然气及生物燃料署履职；

《No. 2705/1998 联邦法令》，定义权利金和"特别参与费"的核算和征收标准；

《No. 9847/1999 法》，建立与国家燃料供应活动相关的监督规则；

《No. 11097/2005 法》，在国家能源组合中引入生物柴油；

《No. 12276/2010 法》，授权巴西政府直接分配给巴西国家石油公司（Petrobras）500 万桶油当量的补偿款，补偿该公司针对盐下层区域的开展的研究与生产活动；

《No. 12304/2010 法》，授权执行机构建立国有企业 PPSA；

《No. 12351/2010 法》，又称作《盐下层法》，在生产分成协议体制下规制盐下层及其他战略区域的石油、天然气和其他液体碳氢化合物的勘探与生产，建立了社会基金并修正了 9478 号法律的条款；

国家能源政策委员会（CNPOE）的决议；

《ANP 条例 No. 35/2012》，规制石油运输管道的第三方接入；

《ANP 条例 No. 249/2000》，规制火炬与排气；

《ANP 决议 No. 43/2007》，建立海上钻井设施和石油与天然气生产的安全规制框架；

国家环境委员会（CONAMA）决议 No. 237/97，环境影响评估；

国家环境委员会（CONAMA）决议 No. 1/1986，环境影响评估程序和步骤；

国家环境委员会（CONAMA）决议 No. 23/1994，IBAMA 发放操作许可证；

《环境部条例 No. 422/2011》，IBAMA 发放联邦环境许可证。

《No. 9966/2000 法》，规制石油开采和加工过程中的废物处理。

2. 竞争政策

ANP 负责对石油和天然气领域中反竞争行为的技术层面分析，根据 ANP 与反垄断执法机构保护经济管理委员会（CADE）达成的技术合作协议，当 ANP 注意到可能存在破坏经济秩序的行为时必须通知 CADE。

遵照宪法相关条款，《反垄断法 No. 12529/2011》中规定了巴西的竞争政策，企业之间的反竞争协议和滥用市场支配地位的行为都被视为对宪法中定义的经济秩序的扰乱。《反垄断法 No. 12529/2011》还规定了需要提交 CADE 进行经营者集中审查的交易类型，包括合并与收购、合作经营协议、联营企业和合资公司,但是不包括以参与公开竞标为目的经营者集中(根据ANP与CADE达成的技术合作协议,这种豁免可以不适用于ANP组织的招投标)。

(二) 巴西石油行业主要监管机构及其职责

1. 国家能源政策委员会 (CNPE)

严格地说,巴西国家能源政策委员会不是一个监管规制机构,而是由矿产和能源部牵头组织并直接向总统提供国家能源政策的咨询机构。但是,由于该机构负责为规制机构提供指导,并且通过选择特许经营权竞标和生产分成协议竞标的区块直接参与石油勘探开发过程,因此应该被视为巴西石油产业政府监管制度框架的一个组成部分。

国家能源政策委员会的成员主要由巴西政府各部(矿产与能源部、计划预算管理部、环境部、城市部、发展工业和贸易部和科技部)的部长、一位州政府代表、一位大学代表以及一位能源政策问题专家构成。国家能源政策委员会向总统提交能源政策建议,建议一旦被总统接受就具备总统令的效力。

国家能源政策委员会的主要职责包括以下几个方面:制定能源政策和指南,促进国家能源资源的合理利用;保障边远地区的能源供应;定期评估基础能源组合,建立特定能源项目的指南;建立化石燃料的进出口和储存指南等。

在盐下层以及战略性区域的石油开发活动的生产分成规制体系中,国家能源政策委员的职能扩展为:向总统提交关于开发速度的建议;指定直接与巴西国家石油公司(Petrobras)签署开发合同的区域;指定需进行开发合同竞标的区域;决定生产分成合同的技术和经济参数;定义盐下层和战略性区域;制定关于联邦政府分获产量比例的石油商业化政策;制定盐下层区域的天然气商业化政策。

2. 矿产能源部 (MME)

矿产能源部在石油天然气领域中的主要职能是:制定石油和天然气利用规划,在咨询国家石油天然气及生物燃料管理署之后,向国家能源政策委员会提交关于在特许经营和生产分成合同中定义开发生产区域的建议;向国家能源政策委员会提交关于生产分成合同中相关技术和经济参数的建议;建立关于国家石油天然气及生物燃料管理署在招投标轮次和合同与招标协议阐释中需要遵循的指令；审批国家石油、天然气及生物燃料管理署准备的招标文件和生产分成合同草案。

3. 国家石油、天然气及生物燃料管理署（ANP）

国家石油、天然气及生物燃料管理署（ANP）是巴西石油产业的主要监管机构。其主要职责是，制定石油产业监管法规（包括决议和指令）；组织勘探开发生产特许经营权招投标并代表巴西政府与经营权获得者签订合同，授予特许经营权获得者经营许可；直接或者在其他政府机构的协助下监督石油产业运行并确保相关法规得到了严格的遵守。ANP 还是一个负责收集统计石油天然气产业相关数据和信息的机构。ANP 的监管范围覆盖了巴西的整条石油产业链。

4. 巴西能源与可再生自然资源研究院（IBAMA）

巴西的石油产业的环境监管分成联邦、州和市三个层级。除了联邦层面的监管机构外，巴西的州和某些市也有自己的环境监管机构。巴西能源与可再生自然资源研究院（IBAMA）是巴西联邦政府的环境保护机构，主要负责在联邦层次上实施环境政策，包括发布规定、检查环境活动和环境许可审批等。

在石油与天然气领域中，IBAMA 的主要职能是审批勘探和生产活动的区域，分析石油活动的环境影响，审批应急响应计划等。运营商的勘探生产活动必须获得 IBAMA 签发的环境许可，这些许可包括地震活动操作许可证、预钻探许可证、预研生产许可证、装置许可证和操作许可证。

第三节　典型国家石油行业组织与监管的基本经验

一、较强的垄断性

从世界的范围来看，各国石油产业都呈现出较强的垄断特性。就石油产业链的各个环节而言，国际原油贸易市场是竞争性的，但是原油的勘探和开采是垄断性的；管道运输环节是自然垄断性的，受到政府严格的规制；炼油环节是竞争性的，可是由于具有较强的规模经济性并且其利润水平受到原油市场价格波动的严重影响，原油开采与炼油一体化经营的组织方式非常普遍，进入壁垒较高。零售市场是整个石油产业链中最具有竞争性的一个环节，不过大型纵向一体化企业很容易将其垄断势力延伸到零售环节。

二、以有效竞争目标

石油行业组织优化与监管的目标是实现有效竞争。石油产业链中存在着较强的垄断势力有其合理的一面，如利用规模经济、提高企业技术和经济实力、增强企业国际竞争力和实现政府政策目标等。同时，垄断势力也会产生在位垄断者经营效率低下、破坏市场公平竞争并对消费者利益造成损害等不利影响。因此，世界各国在进行结构优化调整和监管的时候，都必须在石油行业垄断收益和垄断损失之间进行权衡取舍。石油行业组织优化与监管大多是以实现有效竞争、控制负外部性为目标，并不是单纯地追求经济效率最大化。

三、两手抓两手都要硬

石油行业的组织优化需要充分发挥市场和政府"两只手"的作用，二者缺一不可。石油行业上游生产环节结构调整的国际通行做法是放松进入管制，在保证国家掌控地下石油资源的基础上，以政府主持的招投标方式引入竞争机制。管道运输环节由于具有很强的自然垄断特性，因此大多是以专门的政府管制机构对接入价格和接入方式进行监管，维护石油管道的公平无歧视接入。炼油环节的结构合理化方式主要是在市场机制作用下以单体炼油厂的规模调整为主，总体趋势是单体炼油厂的生产规模不断扩大。成品油批发零售环节竞争性最强，目前的主要趋势是经营主体的多元化和经营方式的多样化。维持成品油批发零售市场环节竞争性的主要方法，是通过反垄断和反不正当竞争监管防止上游和中游厂商滥用市场势力。

四、以完善的法律法规体系为依托

石油行业的有效监管需要建立起完善的法律法规体系。依法监管、依法治理是世界各国石油产业政府监管的主要特点，不管是何种国体和政体的国家都非常重视石油产业领域中的立法工作。

有的国家是通过宪法或者专门的石油法、能源法为政府参与和监管石油产业活动提供法律基础，在上位法之下再针对石油生产活动的不同环节和环境、安全等不同侧面制定专门法律，或者授权政府相关部门制定监管法规。石油生产国国家石油公司的垄断地位一般也是经由宪法或石油法确立。有的国家尽管既没有制定专门的石油法、能源法，但是分别针对石油产业上下游环节进行了专门的立法，或者将石油产业各个环节纳入通用性监管法律的适用范围。为了限制石油产业本身垄断特性的负面影响，市场经济国家大多采用反垄断法（竞争法）对石油企业的反竞争行为进行严格的规制。

作为一个一般性的经验，监管法律法规体系越完善的国家，石油产业的经济效率和社会影响就越好。政府部门的监管权力和监管范围由法律授予和界定，能够有效地提高监管效率，较好地避免出现监管空缺或重叠，也能够比较有效地防止监管部门滥用监管权力。从监管法律体系的组成内容情况来看，一个比较明显的趋势是发达国家和发展中国家都非常重视环境和安全监管方面的立法和执法工作，特别是在经历多了次严重的海上钻井平台原油泄漏和火灾等事故后，各国都普遍加强了针对浅海大陆架和深海油气开发生产活动的环境立法。

五、高效的监管机构体系

石油行业的有效监管需要建立起高效的监管机构体系。世界各国政府设立的石油产业监管机构可以划分为经济性监管机构和社会性监管机构两大类。大多数国家的石油监管权力是分布在不同政府部门的，各部门的监管职责根据相关法律规定进行划分，侧重点各有不同。这主要是因为石油产业链长、环节多、涉及面广，对监管机构的专业性要求较高。

石油产业上游的经济性监管通常是由石油部或能源部负责牵头，在其他监管机构的辅助下主持石油勘探生产的招投标活动，发放生产许可证（或签订产量分成协议），监督勘探开发活动并解决勘探开采生产中出现的争议。对于自然垄断特性很强的管道运输环节，各国为打破瓶颈通常会采取设立监管机构实施接入价格管制、维护公平无歧视的管道接入的方法。对于中下游产业的政府监管主要集中在环境和安全方面，经济性监管的程度普遍较低。发达国家的环境和安全监管机构往往被授予了较大的行政执法权力，这些机构制定监管法规和操作标准、发放环境和安全许可，对整个石油产业链实施环境和安全规制。除了少数没有设立反垄断机构或者依法对石油产业予以豁免的国家之外，市场经济国家的反垄断机构都负责对石油产业链各环节的商业竞争行为实施监管。

六、结合本国国情综合权衡

政府对石油行业的参与与监管程度需要依本国国情而定。没有任何一个国家的政府对石油产业采取的是完全的自由放任态度，即使是市场化程度最高的美国也是如此。由于国情不同，各国政府介入和监管石油产业的程度也不同。总的来说，石油生产国政府的直接参与程度更高，其目的在于尽可能多地获取石油资源收益，而石油消费国政府则更重视市场监管和保障石油供给安全。世界各国政府都非常重视控制石油产业造成的环境和安全负外部性的影响，社会性管制的程度不断加强。

七、顶层设计的必要性

石油产业的有效竞争和有效监管需要得到顶层设计的支持。世界各国监管法律法规的制定以及监管机构的设立基本上都是遵循一种"自上而下"的制度安排。以宪法和石油法等上位法为基础，逐级授权各类政府部门制定监管法规、划定监管机构的监管范围并授予监管机构监管权力，力图建立起法律法规完善、监管机构高效的监管体系。因此，法制建设是提高政府石油产业监管有效性的前提保证。

国家石油公司的改革同样需要得到顶层设计的支持。国家石油公司主要存在于石油生产国，部分石油消费国也采取了国家石油公司这种产业治理形式。在两种类型的国家中，国家石油公司都是政府石油政策的重要实施工具。石油生产国建立国家石油公司主要目的是，争夺国际原油市场定价权、最大化石油资源收益、实现国家经济和社会发展目标以及提高政府对国家经济的掌控能力等。石油消费国建立国家石油公司的主要目的是保障石油供给安全。

虽然石油产业"国有化"在世界范围内都十分普遍，甚至在市场化程度很高的西方发达经济体中也不鲜见，但是这种国家直接参与石油产业运行的方式还是受到了猛烈的抨击。

首先,"国有化"的政治和社会收益伴随着巨大的经济成本。几乎所有的国有企业都存在着严重的"委托—代理"问题,导致非效率行为的发生。此外,国家石油公司的运营能力和运作效率也饱受诟病,与国际石油公司在技术能力和管理能力方面的差距日益拉大。

其次,行政性垄断导致缺乏竞争。在资源国有化的国家里,政府通常会以法律的形式授予国家石油公司垄断地位,或者至少为国家石油公司创造受到高度保护的经营环境。由于竞争机制的缺失,导致国家石油公司缺乏提高经营效率和管理效率的动力,企业绩效也就失去了比较和评判的客观标准。

再次,补贴和非商业性责任加重了企业负担。在许多石油进口国和出口国,国家石油公司都承担了石油产品补贴的责任。在净进口国,补贴往往是国家石油公司最主要的非商业性责任。在一些公共投资管理能力和社会保障能力低下的国家,国家石油公司往往被要求实施超过一般意义的企业社会责任的投资项目。过多的社会责任导致国家石油公司不仅增加了企业经营成本,也降低了企业最大化商业利润的动力。

最后,缺乏财务自主性和利益冲突也是国家石油公司的重要缺陷。缺乏财务自主性对国家石油公司投资决策的及时性和有效性造成了负面的影响,而过多自主性也会减少政府的收入并降低成本节约和提高效率的激励。在一些国家里,由于国家石油公司具有丰富的资源和产业经验,因此由其负责设计和实施产业政策。这种既当"裁判员"同时又当"运动员"的角色设定,提高了国家石油公司根据最大化其自身利益而不是公共利益制定决策的可能性。

针对国家石油公司存在的种种弊端,许多国家通过顶层设计,对其国家石油公司实行了实质性改革。改革主要是从两个方面进行:一是国家石油公司的"去行政化",将国家石油公司转变为与市场上其他参与者平等的经营实体,同时确保监管机构具有足够的独立性和监管权力;二是改革公司治理机制,在不影响国家控制的前提下,允许社会资本参股国家石油公司。

很显然,部分甚至完全取消国家石油公司的特殊地位,进一步理顺政企关系,逐步放松市场进入管制,设计和建立政府监管体系,以及不断完善国家石油公司的内部治理结构等问题,都与国家的政治、经济和社会发展目标以及中央政府的决策程序密切相关。如果没有经过自上而下的"顶层制度设计",国家石油公司的改革以及整个石油行业的市场化改革就不可能得到有效推进并取得成功。

第七章
中国石油行业的现代监管体系与监管政策

改革开放四十年,尽管政府针对石油市场的勘测、加工等各个环节都开展了不同程度的市场化改革,然而我国石油市场的垄断情况依然没有得到改变。接下来的市场结构重组对我国石油市场产生了深远的影响,使其不再单一化发展,即国有石油厂商、民营厂商以及外资厂商并存。当然,这也大幅提升了相关部门的监管成本。另外,我国石油市场目前的监管体制依然不够完善,如相关法律条例出台不及时、相关监管部门存在管理方面的冲突等。考虑到上述弊端,我们给出了以法律规定、监管部门、监督体制、绩效评估为基础的切合当前形势的石油市场监督管理框架。并进一步讨论了如何构建符合我国石油市场目前实际情况的监督管理体制,主要方式有出台完备的相关法律、形成完善的监管机制、多方面的监督部门进行多角度的监管以及构建合理的绩效评估机制等。

第一节 石油行业的监管需求分析

市场结构重组改变了石油市场单一化的局面,但相应的监督管理机制也需要合理的调整。以前的石油市场主要为国有厂商,民营厂商很难开展相关业务,即使某些市场环节民营厂商的数目可观,然而其市场地位较低。目前我国石油市场大体能够划分成两大特征各异的领域:自然垄断市场与可竞争市场。前者指的是管道运输环节,后者指的是管输环节之外的市场环节。上述市场环节有着差异化的主体布局。管输市场属于国有厂商主导的自然垄断市场，考虑到结构重组没有改变垄断情况，这一市场目前有自然垄断的特征，阻挡了民营厂商的进入。另外，在该市场之外的市场领域，结构重组均适当的引入竞争，允许部分民营厂商进入市场，市场格局不再单一，因此需要更加全面、切合实际情况的政府监管，监管体制急需调整。之前的监管体制大多落脚在国有厂商，因为我国石油市场的国有厂商不仅有着扩大盈利的目标，还有着维护能源安全与保障民生等各种责任。但是在市场结构重组之后，各种不同类型的石油厂商进入市场，它们仅追求扩大自身利润，因此现存的监管体制不再适用，监管体制的调整迫在眉睫。

市场结构重组增加了石油市场上下游环节以及各个业务格局的复杂程度，需要更加完善的监管机制。这主要是由于石油市场中游环节是管输业务，属于自然垄断市场，而管输市场的前后领域均为竞争性市场，因此相关部门必须加大对管输市场的监督管理力度，规范市场审批。监管模式应以社会性监管作主导，关注该市场环节的安全情况以及服务品质。而对管输市场的前后环节应加以引导，保证石油产品的商品特征，构建公平竞争的市场环境与合理的价格机制，以此提升整个行业的效率。对这些市场的监督管理应当实行经济性的监管方式，适当放宽市场准入限制以及对价格的干预，合理引导厂商提高效率，在我国石油市场发展的方针政策下不断增加利润，服务社会。

第二节 石油行业传统监管体制及其问题分析

传统的市场监督管理机制有一定的不足，降低了监督管理的有效性。这些不足体现在：相关法律体系不完善、监管部门存在业务冲突以及监管不够全面。更重要的是，我国石油市场中的厂商政企混合，绩效评估机制不完善。事实上，自改革开放以来，我国成立煤炭工业部，以政企混合的模式来统一监管石油市场，即石油厂商对政府负责，相关行政部门直接任命厂商的领导层，给予生产资金以及拟定商品价格。石油厂商不再自负盈亏，营业情况交由政府处理，无须负担营业风险。尽管上述体系在新中国成立后的一段时间里保证了能源安全，在资源不足的情况下有力地推动了国家建设。随着新时期我国石油巨头厂商的不断上市，各大厂商开始向现代企业管理模型进行转型，上述市场监督管理机制已不再适用于新时期发展的需要，因此造成了监管有效性的损失。

一、石油行业传统法规政策

针对石油勘测及开采市场，以前的法律条文大多落脚在石油资源区块的管理方面。与这一业务联系较为密切的法律有1986年出台的、使用较为广泛的《中华人民共和国矿产资源法》。然而，该法并不能够作为我国能源市场的法律基础，并且不够切合石油市场的特征，没有针对性。此后陆续出台的《矿业权出让转让管理暂行规定》（2000年）、《地质资料》（2002年）、《探矿权、采矿权转让管理办法》和《矿产资源开采登记管理办法》（2006年）、《矿产资源的勘查区块登记管理条例》和《进一步规范探矿权管理有关问题的通知》（2010年），以及《对外合作开采陆上石油资源条例》（2011年）均对石油资源加强了监管。石油对国家能源安全具有重要的影响，石油市场中的石油资源以及勘测开采等环节尤为重要。相关的法律条文也较多，如2001年国家安监局出台政策，提高关于浅海、近海等地区的石油生产安全的监管力度，2003年以及2004年先后出台针对陆海石油安全的规定，并于2007~2009年不断调整相关法律规定。此外，针对石油勘测和开采市场的管理也存在较多的规定，如我国外汇管理局以及财政部于2006年均出台了关于石油市场收缴特别收益金的法律条文；财政部以及税务总局于2009年又出台了关于石油市场税务方面的规定。

针对石油管输市场，当前的法律主要从管道安全性的视角出发，其中的基础性法律便是2010年出台的《石油天然气管道保护法》。在该法出台之前，石油管道输送市场将安监总局发布的各种法律规定作为法律依据，如《关于加强石油天然气管道保护的通知》（1999年）、《石油天然气管道安全监督与管理暂行规定》（2000年）以及《关于进一步加强输油气管道安全运行监督管理工作的通知》（2007年）等。而关于该市场的生产经营的相关法律条文较少，这主要是由于当前石油市场属于纵向一体化市场，其管输环节并非单独运行，盈亏也不是单独计算的，相关的法律依据也较少，如《关于加强国内成品油运输市场管理的通知》（2005年）以及《关于石油天然气管道建设使用林地有关问题的通知》（2010年）。此外，相关行政部门于2014

年之后颁布了许多规定来推动这一市场环节的独立发展，如我国能源局以及发改委于 2014 年颁发的《油气管网设施公平开放监管办法（试行）》以及《天然气基础设施建设与运营管理办法》，针对石油管输市场财务方面给出了具体规定，以保证石油管道厂商可以独立结算乃至业务的拆分。

针对进出口市场，当前的法律条文侧重于对外贸易的审批以及税收等方面。如海陆指定区域关于进口商品的免税审批（1997 年）、《原油、成品油进口组织实施办法》（1999 年）、税务总局和财政部出台的针对海洋工程方面增值税退税的规定（2003 年）、商务部等机构出台的《关于调整成品油出口政策有关问题的通知》（2005 年）、《国家税务总局关于成品油出口有关退税问题的通知》（2002 年）、《原油、成品油、化肥国营贸易进口经营管理试行办法》（2002 年）、《财政部、国家税务总局关于暂停汽油、石脑油出口退税的通知》（2006 年）、《财政部、国家税务总局关于调整成品油进口环节消费税的通知》（2008 年）、《财政部关于成品油进口税收问题的通知》（2008 年）、《国家发展改革委、财政部关于调整进口原油出入境检验检疫收费标准的通知》（2010 年）以及《关于在我国海洋开采石油（天然气）进口物资免征进口税收的规定》（2013 年）等。

针对石油销售市场，相关法律规定覆盖了整个石油市场，包括石油商品定价以及税收等。依照入世的规定，我国不断提高成品油业务领域的开放程度，批准相关石油厂商进入这一市场，厂商数目的扩大进一步提升了该行业的竞争程度。当然，由于该市场中的竞争体系不够完备，因此相关部门出于石油商品定价的考虑，颁布了一系列的行政法规，如国家发展改革委出台的《关于做好成品油市场供应加强价格管理的通知》（2006 年）和《关于切实加强液化气价格管理保证市场供应的通知》（2007 年）、《发改委、民航局关于建立民航国内航线旅客运输燃油附加与航空煤油价格联动机制有关问题的通知》（2009 年）、《石油价格管理办法（试行）》（2013 年）。此外，政府针对该市场如何有效监管也颁布了一系列的命令，如《成品油零售企业管理技术规范》（2006 年）、《成品油市场管理办法》（2006 年）、《国家发展和改革委员会、商务部关于民营成品油企业经营有关问题的通知》（2008 年）、《财政部、国家工商行政管理总局关于开展成品油市场专项整治工作的通知》（2008 年）、《国家工商行政管理总局关于进一步加强成品油市场监督管理工作的意见》（2009年）。另外，也有很多针对税收方面的行政法规，如《成品油零售加油站增值税征收管理办法》（2002年）、《国家税务总局关于中国石油天然气集团和中国石油化工集团使用的"成品油配置计划表"有关印花税问题的通知》（2002年）、《中国人民银行、国家税务总局、交通运输部关于实施成品油价格和税费改革有关预算管理问题的通知》（2008年）、《汽油、柴油消费税管理办法（试行）》（2011年）。

针对其他市场环节，政府大多从税收与安全的角度出发来制定相关规定。关于石油贮存方面，有《财政部、国家税务总局〈关于国家石油储备基地建设有关税收政策的通知〉（2005年）》、《国家安全监管总局办公厅关于中央企业在浙原油储存设施安全监管法规适用问题的复函》（2009年）；关于石油炼化市场，有《国家税务总局关于石油石化企业经营管理体制改革过程中有关企业所得税问题的通知》（1998年）、《石油化工企业环境应急预案编制指南》（2010年）。此外，其他的规定还有：《原油市场管理办法》（2006年）、《原油经营企业指引手册》（2006年）、《国家安全生产监督管理总局关于陆上石油天然气建设项目安全设施设计审查与竣工验收有关事项的通知》（2006年）、《国家税务总局关于中国石油天然气集团公司矿区服务业务有关营业税问题的通知》（2007年）。

总而言之，自20世纪90年代以来，我国石油市场有如下三个特征：缺少基础性法律、缺少完备的法律体系、法规调整周期长。可以看出，上述特征均会对相关部门的监督管理有效性造成影响。①缺少基础性法律。当前该市场的基础性法律只有两个：《矿产资源法》（1986年，后经数次调整，主要针对石油勘测和开采市场）和《石油天然气管道保护法》（2010年，主要针对石油管输市场），除此之外的市场环节均没有法律依据。②缺少完备的法律体系。如针对石油贮存市场，相关法律只囊括相关设备的建造与监管，而没有涉及设备的更新折旧等环节。③法规调整周期长。见图7-1。如炼化市场的技术更新快，商品变化周期短，针对这一市场环节的法律在近二十年只有两个（于1998年和2010年颁布），从此再没有颁布针对这一市场环节的法律[①]。

[①] 详见附表i。

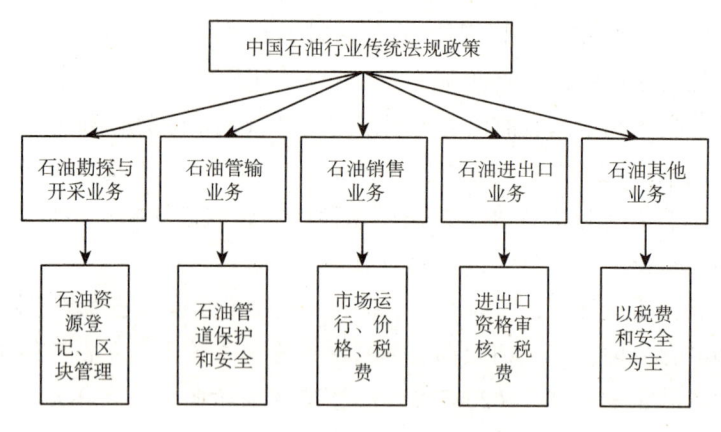

```
                    中国石油行业传统法规政策
          ┌──────────┬──────────┬──────────┬──────────┐
     石油勘探与   石油管输    石油销售    石油进出口   石油其他
      开采业务     业务        业务        业务        业务
          │          │          │          │          │
     石油资源    石油管     市场运     进出口     以税费
     登记、区    道保护     行、价     资格审     和安全
     块管理      和安全     格、税     核、税     为主
                            费         费
```

图 7-1 中国石油行业传统法规政策

二、中国石油行业传统监管机构

我国石油市场当前属于分段监督管理模式，各行政部门负责各自的监管，彼此的信息交流不够充分，导致监管的有效性降低。国土资源部负责油气资源探采权以及地质信息的整理；商务部负责石油商品的对外贸易审批以及制定成品油非国营的配额；工业与信息化部承担规划石油市场的发展，研究石油市场整体运营情况；国家发改委与国家能源局负责制定我国整体能源市场的大政方针，监控我国石油贮存情况；国家安全监督管理总局负责监管石油市场营运的安全性，针对重大事故的应急救援；环保部负责制定石油市场的环保政策与法规。更细致的说明如下：

为管理我国石油市场，国土资源部下设地质勘查司、政策法规司、调控和监测司、土地利用管理司等，整体负责石油资源的开采与治理、地质勘测、石油储量监测与保护以及处理地质灾害，具体如下：①地质勘查司，即矿产资源勘查办公室，最为贴近石油资源管理方面，承担审核石油资源的探采权、评估陆海石油资源情况、监管石油资源的勘查以及执行情况、制定我国石油整体发展政策、审核石油资源探采权和监管国内外厂商合作的油田；②政策法规司承担颁布针对石油市场的各种法律条文；③调控和监测司负责汇总油田区块的具体情况以及实地研究石油储备情况；④土地利用管理司负责管理油田土地的流转。

在商务部中同石油市场有密切联系的机构有对外贸易司、产业安全与进出口监管局、对外投资和经济合作司、政策研究室等，承担制定石油市场的国外合作方针、管理石油厂商对外贸易和非国营厂商的进口情况。具体如下：①对外贸易司负责制定石油市场对外贸易方面的规定以及关于贸易总额的计划、拟定石油产品对外贸易配额、出台石油市场对外贸易额的全年规划以及构建石油市场对外贸易体系。②产业安全与进出口监管局负责石油市场对外贸易的审查，负责研究和评估我国石油市场的国际竞争力以及提升整个市场的研发创新能力。③对外投资和经济合作司负责开展我国石油市场的国际业务，为石油市场的国际投资、国外的油田和加工项目提供建议。④政策研究室负责分析中外石油市场贸易审批以及配额的情况，此外针对如何构建我国石油市场现代化的市场机制给出具体策略。

工业与信息化部中同石油市场密切联系的机构有运行监测协调局、产业政策司、规划司、政策法规司等，负责拟定石油市场各种政策以及发展计划，同时监控相关政策的实施以及推测该市场的变化趋势。具体如下：①运行监测协调局负责管理石油市场平时的营运以及分析国际形势，汇总和公布该方面的具体信息。此外，还具有意外事件的预防职能。②产业政策司负责发布石油市场的相关政策、监测政策的实施情况以及审批相关投资项目。③规划司负责该市场的整体发展规划、战略布局，以及指导石油市场财政资金的投资。④政策法规司承担为工业与信息化部的监管拟定法规的职责。

国家发改委承担石油市场的政策拟定、定价、投资、市场环节协调、反垄断的监督以及石油市场的整体调控，其中同石油市场相关的机构有固定资产投资司、产业协调司、发展规划司、价格司、经济运行与调节局、价格监督检查与反垄断局、经济体制综合改革司、法规司、产业协调司等。具体如下：①固定资产投资司负责监控石油市场的投资状况，划定投资总额以及制定整个市场的投资体系。同时还负责草拟固定资产投资方面的法律条文，针对该市场体系的调整提出建议。②产业协调司负责提供石油市场结构性改革的建议以及石油市场各个环节协调发展的政策，对该市场的发展给出公关方面的建议。此外，还包括根据该市场的发展趋势来处理出现的各种问题、石油商品定价、制定投融资政策以及针对我国石油能源安全提供建议等。③发展规划司承担制定我国石油市场长远发展计划、分析该市场中出现的问题、推测该市场长期的走势以及客观地判断我国石油市场的发展情况。④价格司负责研究中外石油商品的价格变动、给出合理化的定价策略、通过法律等强制方式来控制国内石油行业；防止油价的大幅度波动，调整石油市场定价体系。当前的职能主要侧重于成品油定价方面。⑤经济运行与调节局负责石油市场各个环节的协调、了解整个市场的发展趋势以及营运状况、平衡石油商品的生产与销售、调整对外贸易额度、统一管理石油市场相关业务、处理该市场中突发的状况。此外还负责石油的储备安全。⑥价格监督检查与反垄断局承担我国石油市场定价管理以及反垄断业务，分析石油市场中出现的反常现象，判定该市场的垄断和违规行为。当然，其他机构也具备着各自的职能，这里不再细致地讨论。

国家能源局承担草拟石油市场相关法律条文、发展与改革计划，深化该市场的现代化改革，颁布石油市场相关准则以及审批科研、技术创新等投资项目；还负责管理我国石油储备，监控国际石油市场的供求状况，保证石油市场的稳定，构建公平合理的石油竞争市场，审查相关基础设施建设，指导石油消费等。其中与石油市场联系较密切的机构有法制和体制改革司、发展规划司、石油天然气司、市场监管司、国际合作司等。具体如下：①法制和体制改革司的职能是拟定石油市场发展以及监管的章程，负责该市场机制的改革；②发展规划司负责指导石油市场的长远发展，整理该市场的年度发展规划以及控制相关产品的消费额；③石油天然气司的职能是草拟以及对石油开发和加工规划的实施情况进行监管，也负责相关市场机制的改革以及管理石油存储等；④市场监管司的职能是构建公正平等的油气管网市场，以及解决这一环节发生的各种问题。此外，国际合作司也具备部分相关职能。

国家安全监督管理总局负责我国石油市场整体的营运安全以及突发情况的处理。其中和石油市场有联系的机构有监管一司（海油办）、监管三司、职业安全健康监督管理司等，具体如下：①监管一司监管的范围较大，除炼化和管输市场，其他市场的安全生产以及相关设施的检查均由其负责。监管一司还负责监督重大石油工程的建造以及完工检查，管控海上石油风险以及突发事件的处理。②监管三司的职能是监测石油化工厂商的安全性，审核石油化工企业的生产资格以及处理违规的厂商。③职业安全健康监督管理司负责管理该行业的卫生状况，制定各生产地点的安全职责方针，审批卫生安全资格，开展相关安全教育以及处理突发的安全状况。

环保部的职责是规划和构建石油市场环保机制，提供各种环保标准以及技术规定，完成减排任务。该部门中同石油市场有联系的机构包括政策法规司、科技标准司、环境监测司、环境影响评价司、污染防治司、环境监察局等。具体如下：①政策法规司的职能是完善关于环保的法律条文，制定产业整体发展的大政方针；②科技标准司负责制定石油市场的环保准则，统一发布该市场的环保技术规定；③环境监测司负责监控石油市场几种重要污染物的排放以及审批石油企业的污染排放资格，还负责管理对环保政策的实施效果进行评估。此外，环境影响评价司、污染防治司和环境监察局也均负责与石油市场有关的重要职责。

综上所述，由于我国石油市场的分段管理，相关部门的监管职责不统一、监管权力不集中，因此存在监管重叠和监管空白的弊端（见图7-2）。例如，油价的拟定便处于多个部门的管辖范围：国家发改委、财政部、中国人民银行、国家税务总局、交通运输部、民航局、商务部等。发改委颁布石油市场的法律条例、定价标准等，财政部与中国人民银行负责与油价有关的税收的

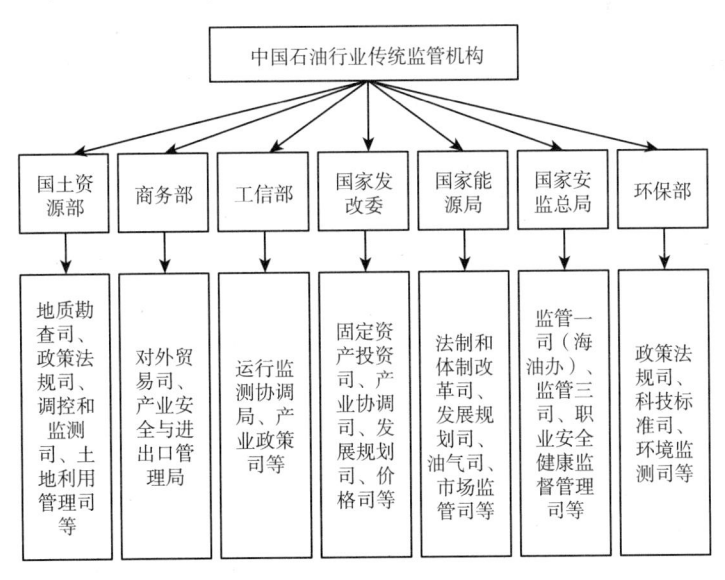

图7-2 中国石油行业传统监管机构

核算，民航局负责航空煤油方面的管理，税务总局负责发布各种税收方面的规定。另外，石油市场的境外管理便属于监管的真空区。考虑到我国石油市场的国际化步伐不断加快，这一环节的监管将越来越重要。

三、中国石油行业监管的其他问题

我国石油企业仍然有较为严重的政企混合情况，这主要是由于各大石油厂商发源于我国石油工业部。1980年左右，为发展计划经济，相关部门将石油厂商从政府体制中剥离，组建大型石油厂商。1988年，陆续组建中石油和中海油，之后的十多年，我国石油厂商始终保持有政企混合的情况。

政企混合重点体现在行政部门与厂商的业务存在联系，即石油厂商负责部分政府职能，包括产业发展计划、科研、石油资源管理以及对外贸易。具体来说，中石油负责为政府管理石油地质相关信息，中海油负责为政府开展进出口业务交流，并且石油市场中的科研工作大多是石油厂商中的科研部门负责。针对石油战略储备，石油厂商与相关行政部门的职能分配不清晰，这也导致各石油厂商在履行自身的职能时，为扩大本企业的利润，不会将社会福利放在首位。

社会监督力度不足。我国石油市场的社会监督一般包括如下几个角度：协会、舆论和行业，且这些方面的监督力度均较低。例如该方面的我国石油化工和联合会，作为石油市场中的社会中介机构，和相关政府部门的交流较少，不利于提高监督水平。这一组织创建于2001年，宗旨是处理各个石油厂商的沟通与矛盾问题，听取石油厂商和各行业组织的建议，增强与相关监督管理部门的交流。基于其宗旨，可以看出该机构的职能是社会监督，并将听取的各种意见向上层监督部门反映。然而，这一目标却很难实现，主要是由于该机构在履行社会监督的责任时面临的困难较大，当然，该情况不仅出现在石油市场，这里不再详细讨论。一方面，社会舆论监督对于我国石油市场存在相当程度的影响。如2013年11月22日，中石化石油运输管道出现爆炸，社会舆论的及时跟进，让整个事故的处理公开透明，提高了我国石油市场中社会舆论的地位。另一方面，我国石油市场内的厂商监督效果却很差，这主要是由于国资委负责大型的石油厂商，国资委作为正部级单位，同该市场的监管部门级别相同，因此石油厂商难以实行其对相关部门的监督权力。

相关政府部门的监管效果缺少评估机制，比如，评价主体不明晰、不存在科学合理的评价准则以及评价反馈体系不健全等。其中，评价主体不明晰主要体现在当前我国石油产业缺乏独立机构及对石油产业监管效果的评价。20世纪90年代以来，政府相关部门颁布的各种法律法规主要是针对企业、产业的管制，而对石油产业缺少科学、客观的评价标准机制，更没有针对政府监管效果的评价。评价反馈体系的不健全将导致不能实时反馈政府监管的疏漏。当政府监管绩效缺少评价时，会使得相关部门缺少动力，无所作为。

所以，即便中国石油产业进行结构调整后，依然面临很多问题，例如，如何构建更加完善的监管体系，提升相关政府部门的监管功效，及时完成给定的监管标准。

第三节 石油行业的现代监管体系及其构成要素

当前石油产业监管体系的改革主要是基于以"监管有据、运行高效、公开透明、激励有效"为宗旨，从而为达到有效监管提供有力支撑。其中，监管有据的意思是说，遵循依法治国的理念，依照法律法规实施监管；运行高效是指，该产业的相关监管机构合理配置、职责分明，达到高效执行的目标；公开透明是说，相关部门的监管信息以及相关机构的运作机制要实现透明化，从而实现多方位监督；激励有效则是指，构建科学完善的绩效评估机制，依据监管组织的监管绩效对其实施相应的奖惩制度。

综合考虑我国石油产业传统监管制度存在的不足，以及当前对石油市场和监管体系深化改革的迫切需要，我们认为，由监管的法规政策体系、政府监管机构体系、监管监督体系和监管绩效评价体系构成的全面监督机制对我国石油产业的发展至关重要。其中，法规政策体系作为监管组织运作的依据，政府监管机构体系作为法规政策的执行者，监管监督体系能够确保监管机构的合法运行，监管绩效评价体系能够有效提高监管的科学、合理性。以上四大要素相互联系、相辅相成，构成了石油产业完整的监管体系制度，能够有效提高相关政府部门监管的有效性。中国石油行业现代监管体系的整体框架，见图7-3。

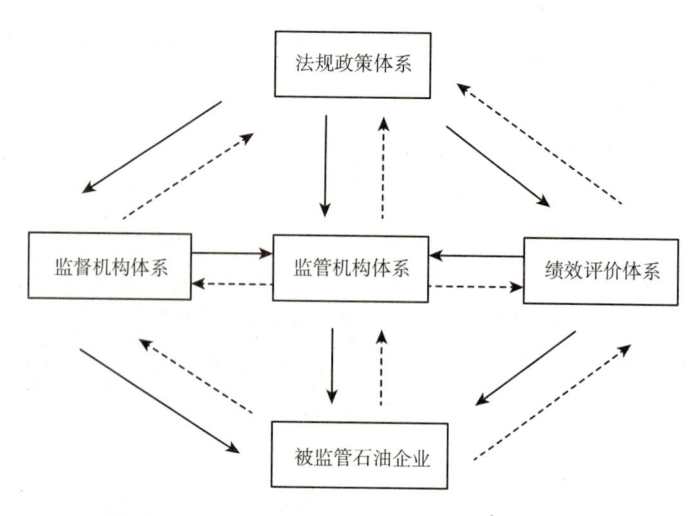

图 7-3 中国石油行业现代监管体系的整体框架

由图 7-3 可看出，当代我国石油产业的监管体系结构大体分为三个层次，即上中下。我们用实线代表两两之间的直接抑制关系，虚线代表两两之间的间接反馈关系。我们看到，在图的最上方，代表了法规政策体系分别与监管监督体系、监管机构体系、监管绩效评价体系之间的抑制和反馈关系。其中，从线条指向和类别可以看出，法规政策体系对监督机构体系、监管机构体系和绩效评价体系都具有直接抑制作用，而这三个体系反过来又都对法规政策体系具有间接反馈作用。在图的中间部分，呈现了监督机构体系、监管机构体系和绩效评价体系三者之间的相互关系。其中，监管监督体系对监管机构体系具有直接的制约作用，也就是说，监管监督体系能够对监管机构的运行实施有效监督，监管绩效评价体系对监管机构体系也具有直接的约束作用，具体而言，前者是对后者的效率和效果的一种评价，通过对监管机构运行状况的考核，能够有效制约相关政府监管机构，减少发生监管失效的概率。同时，监管机构体系对监督评价体系和监管绩效评价体系均具有一定的反馈作用。最后，图的下半部分展现了三大监管体系与被监管石油企业之间的抑制和反馈作用。尽管被监管石油企业不属于我国石油产业现代监管体系的组成部分，但与监管监督体系、监管机构体系和监管绩效评价体系三大要素之间却紧密相连。展开来说，相关政府监管机构体系作为监管的执行者，目标是有效监督被监管石油企业，二者形成执行方与被执行方的关系，具有直接制约和间接反馈的关系。同时，监管监督体系和监管绩效评价体系与被监管石油企业均具有制约和反馈作用。被监管石油企业作为相关政府部门监管的对象，在实际的生产运营中或多或少会出现各种问题，政府在面对这些问题时，其监管往往具有一定的滞后性，因此，被监管石油企业有必要对其他体系进行信息反馈。

第四节　石油行业现代监管体系的实现路径选择

依据我国石油市场目前设计的监管体制规划，构建现代监管机制的方法如下：完善法规政策体系、建立高效的监管机构体系、形成多元化的监督机构体系、构建科学的绩效评价体系，合理、全面地建设符合我国社会主义市场经济要求的现代化监管体制。

一、完善中国石油行业法规政策体系

通过参考国外的研究结论与实践经验，本章梳理了中国石油市场目前的法律条例，明晰市场监管的立法宗旨，给出石油市场监管的立法意见，讨论相关政策以及推行的措施，同时研究了我国石油市场激励视角的监管宗旨和大体方式，为构建我国石油市场合理有效的政府监管体系以及相关法规打造理论支柱。

许多西方发达经济体，如欧盟和美国，均以推行法律规定作为石油市场变革的出发点，新法律规定被看作是相关部门监督管理的法律依据。从国外相关法律的出台吸取经验，可以帮助我国制定符合当前石油市场实际情况的法律框架。综上所述，我们主要阐述了美国、挪威和巴西几个国家石油市场相关法律的情况以及历史变动，研究了石油市场各国监管框架的演化情况，并根据西方国家的相关法律体系框架，联系中国石油市场的客观情况，分别归纳西方发达国家石油市场相关法律体系的可行性，帮助中国制定合理有效的石油市场监管的法律规定。

法律是构建法律规定框架的基础，是石油市场实施监督管理的标准。不管是针对石油市场制定的基础法律，还是针对石油市场具体业务出台的更为

细致的条例，在许多国家中，整个石油市场监管的法律框架覆盖面均较为全面。很多国家出台的法律规定均将整个石油市场作为监管对象。美国颁布的法律覆盖了石油市场中各个重要的业务领域，如与勘测开采业务相关的法律，不仅有针对上游业务出台的《矿产租约法》（1920年出台，之后数次调整）、《外大陆架土地法》（1953年出台）和《水下土地法》（1953年出台），还有和上游业务有联系的法律，如《石油和天然气权利金管理法》和《深水区权利金减免法》。部分国家针对石油市场，出台了范围较广、监管较细的基础性法律。如挪威在1996年出台的《石油法》，覆盖面较广，包含了勘测审批、石油资源开发等领域，与《石油税法》《工作环境法》《污染保护法》等法律相互合作，有效地监管了石油市场的运行。

虽然上述国家石油市场的相关法律规定覆盖了各个业务领域，然而忽视了国际方面的情况。即出于全球石油市场长远发展的需要，应当制定各国均适用的基础性石油法律。在国际型石油企业不断成立的背景下，石油跨国市场发展不断加快，因此对国际石油法的需求愈发强烈。例如欧盟中的许多国家，其产出的石油，不仅必须遵循当地的法规，还要符合欧盟的法规，该现象代表着石油法律的国际化演变趋势。目前该趋势依然不够明显，国家化水平较低，由于各国石油市场的联系越来越紧密，出台的石油法必须兼顾到国家间的协作等因素。

当前中国石油市场监管一般以市场中的规定为标准，缺少专门的法律，只有两个与石油市场联系密切的法律：《中华人民共和国矿产资源法》（1986年出台，经数次调整）和《中华人民共和国石油天然气管道保护法》（2010年出台）。《矿产资源法》用于管理石油勘测和开采市场，该法中严格划定了石油资源的勘测开采程序。《石油天然气管道保护法》用于管理石油管输市场，旨在维护石油管输和国家能源的安全。除此之外，还有《反垄断法》（2007年出台）和《反不正当竞争法》（2005年出台），与石油市场也存在着联系，这些法律旨在构建合理公平的竞争性的石油市场，打破我国石油市场的垄断格局。

除上述的相关法律规定，我国石油市场监管参考的标准还包括相关行政条例和其他一些规定。针对勘测开采市场，相关的法规有《矿产资源勘查区块登记管理办法》（2010年推行）、《关于在我国陆上特定地区开采石油（天然气）进口物资免征进口税收的规定》（2013 年推行）等；针对石油对外贸易市场，相关的法规有《国家发展改革委、财政部关于调整进口原油出入境检验检疫收费标准的通知》（2010 年推行）、《关于在我国海洋开采石油（天然气）进口物资免征进口税收的规定》（2013 年推行）等；针对管输市场，相关的法规有《国家林业局关于石油天然气管道建设使用林地有关问题的通知》（2010 年推行）；针对存储市场，相关的法规有《财政部、国家税务总局关于国家石油储备基地建设有关税收政策的通知》（2005 年推行）、《国家安全监管总局办公厅关于中央企业在浙原油储存设施安全监管法规适用问题的复函》（2009 年推行）；针对炼化市场，相关的法规有《石油化工企业环境应急预案编制指南》（2010 年推行）；石油销售业务领域的相关规定有《汽油、柴油消费税管理办法（试行）》（2011 年推行）、《石油价格管理办法（试行）》（2013 年推行）。

根据上文能够发现，我国石油市场目前的法律框架同监督管理过程中的实际情况有着不容忽视的冲突，尤其是相关法律体系不够完备，相关法律条律的制定不够及时。本书将目前的问题归纳为如下三点：①当前的法律体系不完备。我国还不存在一套完整的石油法律体系。目前只能找到两套与石油市场存在关系的法律，且只是和勘测、开采和管输等领域存在关系，没有覆盖到加工或销售等领域。②相关法律条律的制定没有时效性。如关于石油零售市场的《汽油、柴油消费税管理办法（试行）》（2011 年推行），直到 2015 年依然使用试行版本，缺少正式的规定，这也在一定程度上降低了政府监管的效果。③当前法律对石油市场的监管水平同国际市场相差较大。长期来看，石油厂商必然逐步加快自身的国际化步伐，石油的国际贸易必然发展，我国石油市场相关的法律规定，应当综合考虑国内国外市场。然而当前的法律体系还未全面覆盖石油市场的各个环节，与国际水平相去甚远。

我国石油市场相关法律的出台不够及时，降低了相关部门监管的效果。而鉴于缺少重要的石油法作为法律体系的支柱，因此石油市场监管的各种措施均分散在各个法律规定之中，无法构成一套完备地法律体系，降低了政府监管的权威性和有效性。

本章清晰地理清石油市场法律框架的特点与内涵，确定该市场监管法律的类别和参考标准，从理论的视角提出囊括石油各个业务领域的监管法律框架。然后集中讨论了我国《石油法》出台和推行的可行性，研究了该法出台的社会福利与成本，以便于帮助政府科学合理地管理监管机构以及评价其绩效，建立一个完备的石油市场法律框架。

立法宗旨是构建法律体系时必须契合和推崇的价值观，体现出立法的目的、准则以及合理性等方面。在计划经济背景下，中国的石油市场行政监管的法律体系集中代表着对市场的行政干预。由于民营企业不断涌入该市场、市场经济不断发展，石油市场的立法方向应当顺应这一潮流，作出适当调整，否则难以满足当前形势下对法律体系的迫切需求。我们探讨了目前的法律体系和发展市场经济之间的矛盾以及背后的原因，并研究了市场经济背景下石油市场法律规定的作用，如构建平等竞争的市场、维持行业秩序、保障居民福利等。由此构建我国石油市场监管方面的法律框架和立法准则，梳理应当被监管的环节与领域，特别是分析石油市场的监管中行政部门、厂商以及公众三方的权责关系。综上所述，石油市场监管的立法宗旨应该是构建平等竞争的市场、保证行业秩序以及保障居民福利，最终提供一个科学、合理、完备的法律框架。

石油市场监管的法律框架的核心是法律制度，其他规定作为辅助，相互合作共同监管市场。不管是颁布专门的《石油法》，还是出台较为全面的《能源法》，法律的核心地位不能动摇。鉴于我国还不存在《石油法》和《能源法》，构建切合我国石油市场实际情况的法律制度是石油市场监管框架的支柱。在上述法律体系划定的领域中，有针对性的法律规定的出台同样不能忽视。借此从整体上构建一个以法律制度为主、其他规定为辅的石油市场监管法律框架。

考虑到构建一个科学合理的石油市场法律框架并不是短期内能够解决的，所以必须划定长短期不同的方针政策。其中，短期目标主要适用于传统石油产业的监管，例如，对监管章程和制度的更新、融合和协整等。对法规政策体系的进一步完善有必要以整合、更新已有的各种章程为开端，而不是将以往所有的法规政策体系推翻，建立新的体系，这同样属于短期时间内应该完成的目标。然而，对现代石油产业新的监管法律法规的制定和实施则需要在长时间段内才能完成，包括法律法规的拟定、审核等，因此属于长期目标的范畴。例如，《石油法》的颁布和实施就属于长期目标。通过一系列相关法律法规的修订、颁布等，有利于形成标准的石油产业法规政策体系。

二、建立中国石油行业高效的监管机构体系

石油产业相关法规政策制定完成以后，下一步就需要将其予以执行。相关监管机构作为政策的执行主体，其体系的构建有待进一步提升和完善。根据国外的经验，可以发现：①石油市场监管部门大多关联到数个机构。以挪威为例，该国监管部门包含：能源部（MPE）、劳动部、财政部和下属部门石油税务办公室、环境部和下属部门气候与污染局（KLIF）、挪威石油安全局（PSA）等。②针对石油市场的重要的业务领域，均有数个专门的监管机构。以美国石油勘测开采领域为例，相关政府部门有土地管理局（BLM）、海洋能源管理局（BOEM）、安全和环境执法局（BSEE）、自然资源收益办公室和印第安事务局。再以石油管输市场环节为例，相关的政府部门有美国联邦能源监管委员会（FERC）。③监管部门一般存在多个层级。以美国为例，该国的监管部门包括联邦政府和州政府两个层级，前者监督管理各州之间石油市场的监管，后者监督管理各州内部的石油市场。此外，部分国家的监管部门包含三个层级。以巴西为例，该国的监管部门便包括联邦、州和市三个层级。④除此之外的部门，如巴西的国家能源政策委员会（CNPE），尽管其不属于行政监管部门，然而由于它向上级监管部门提出建议，并且可以竞标开展石油业务，因此也被视作该国石油市场监管部门的分支。

监管部门能否有效履行其职能决定着石油行业的监管是否成功。考虑到当前我国石油市场监管部门在履行职能时容易出现各种体制和法规方面的难处，必须尽快革新我国石油市场监管部门的运行方式。当构建石油市场监管体系时，必须要明确"监管主体、监管对象、监管方式"三个问题。此外，鉴于当前我国石油市场监管部门之间的多层次监管、监管领域重叠等现象，只有尽快构建明晰、高效的监管体系和运行模式，才能显著提高我国石油市场监管水平。

我国石油市场监管体系的调整，不仅应当考虑我国石油市场具体情况以及制度背景，还应当考虑相关监管部门建立、运行的具体标准。本部分从我国石油市场监管的具体情况出发，吸取国外经验，归纳概括出构建石油市场

监管体系的基本规则，同时从整体上归纳评析了我国石油市场监管部门存在的几种重要的方式、构建的基本准则以及改革的方式。我国石油市场政府监管的模式可以有以下三种：政府机构和监管部门联合（即政监合一）、专门性的监管部门以及以大部制为背景的相对独立的监管部门，具体如下：

（1）政府机构和监管部门联合。这一模式指的是政府制定政策的机构同监管机构相融合。政府机构既负责出台相关政策，又负责对石油市场进行监管，上述业务领域由机构中的不同分支部门负责，此即为政监合一。这一模式的好处在于能够提升政策制定和市场监管的契合度，而缺点在于政府和监管机构权责混合导致整体监管有效性的降低。

（2）专门性的监管部门。即石油市场监管部门与政府机构不存在业务重叠，监管部门不会被政府机构所干扰，独立履行监管职责。监管部门的独立性表现在如下四个方面：①监管机构依法独立履行监管职责；②监管机构人事变动不受外界干预；③监管机构职能和权力不受干预；④监管机构资金来源不受干扰。这一监管方式在西方国家等市场颇受欢迎，然而对我国也不适合。因为我国的石油市场与很多其他市场或机构有密切的联系，对国家能源安全具有重要影响。

（3）以大部制为背景的相对独立的监管部门。即石油市场监管部门独立成为政府监管机构的下属单位。该监管方式的特点如下：①监管部门作为政府监管部门的分支机构，能够独立地监管石油市场；②不仅可以吸取其他能源市场的监管经验，还可以根据石油市场的特点实施针对性的监管措施；③不仅可以有效利用政府监管机构中各种信息、改善监管部门的信息不平等地位，还可以加深和其他政府机构的信息交流与协作。综上所述，可以看出，对于当前我国石油市场监管部门之间业务重叠、权责不明确以及监管空白等各种不足，以大部制为背景的相对独立的监管部门更为切合实际，未来是一个正确合理的监管模式。

在2018年的大部制改革背景下，构建高水平的石油市场监督管理框架的重点是如何科学合理地分配监管机构的职能。石油市场监管职能出现的问题包括纵向职能分配和横向职能分配两个方面。考虑到当前中央监管机构和地方监管机构纵横交错的职能关系，降低了监管的效果，导致监管体系有效性的降低。纵向职能分配指的是中央和地方不同层级监管部门所具备的职能不同，处理此类情况必须注意两个方面：①站在战略角度帮助政府掌控石油市场，包括对外贸易市场，构建以中央政府为核心的纵向职能框架和监管运行框架。②构建科学合理的地方政府激励机制。针对横向职能分配，需符合大部制背景的发展方向，将处于相同级别的监管部门进行融合，重新构建监管框架和合理有效的合作监管体系。横向职能分配旨在处理当前石油市场监管部门职能重叠、监管混乱的局面，监管权力分配到各个下属监管机构，造成各部门监管业务有冲突，一个业务领域被多个监管机构监管，导致监管的混乱和失效。纵向职能分配和横向职能分配的合作，目的是借助监管框架的改善和各个机构职能的明确，来梳理清楚各个机构的联系。调整监管框架，重新分配监管机构的职能，构建科学合理的合作监管体系，从横向和纵向两个角度构建有效的石油市场监管框架。

三、形成中国石油行业多元化的监督机构体系

石油市场目前的信息不对称以及外部性等弊端造成了市场效率的降低，急需科学合理的行政监管。通过以往的经验，若没有专门针对监管机构行为的监管，那么监管机构会倾向于保护自身和其他与自身相关机构的利益，导致社会福利降低、监管的效果下降。因此，只有构建针对监管机构的监管框架，才能提高监管效果，避免监管失灵。当前中国石油市场针对监管机构的监督框架不够成熟，石油市场监管部门肆意用权、出台的规定考虑不足且变动周期短，不符合市场规律，降低了监管的效果，损害了社会福利。基于此，应当对我国石油市场行政监管框架背后的种种监管失效的风险进行详细的研究。本章在依法行政的背景下，从当前我国石油市场行政监管的具体情况和改革需求出发，针对立法、行政、司法和社会监督等角度全面构建了石油市场行政监管的监督框架。此外，出于保证这一框架的可行性，我们细致地讨论了四个重要监督机构彼此之间的联系和运行机理，构建符合中国石油市场行政监管实际状况的"四位一体"的监督框架。

能否有效提高我国石油市场监督管理机构的效率，核心是要打造"四位一体"的多元监督框架。关于监管部门的监督必须全面考虑，构建多元监督框架，防止监督空白的现象出现。主要有以下三点原因：①我国石油市场整个行业的生产环节有很多，而不同的监管机构只对各自负责的业务领域履行

监管职能。若针对监管机构的监督不能全方位的展开，那么必然会出现监督空白地带。②由于石油市场的复杂情况要求对其的监管框架较为复杂，那么对监管机构的监督框架设计必然要多元化，否则难以保证监督效果。③关于监管机构的监督，必须依法进行，依法监督和司法的流程均不能忽视，相应的监督框架必须包含上述方面。另外，考虑到经济的不断开放，监督框架还应当考虑社会监督这一方面。综上所述，为监管机构设计的"四位一体"的监督框架包括：立法监督、行政监督、司法监督以及社会监督四个要素。

上述四个要素组成了针对我国石油市场监管机构的监督框架，其核心是该框架的构建以及后期的实施。考虑到我国行政体制较为特殊，并且石油市场与其他许多行业存在关联，其具备差异化的技术特点，所以本章从我国实际的制度情况出发，综合该市场和监管方面的特征，构建切实有效的"四位一体"的监督框架，同时给出科学合理的改革步骤。

立法监督是当前的石油市场行政监管监督框架的核心，也最具有权威性，是防止监管部门忽视社会福利而单独制定相关法律和保证相关法律条文合理科学的有效措施。这一因素的核心在于以下四个方面：①构建切实可行的立法审批和法律监察体制。监管部门应当根据法律规定在获得合法审批后才能依法履行职能。出于深化改革以及保证监管的可行性，仅人大具有法律审核权，而其他机构和政府官员无法干涉石油市场法律政策的出台和推行。②避免个别组织的利益干扰监管部门的立法，保证石油市场监管框架的透明公平，实现社会福利最大化。③各层人大立法部门通过合理的措施监督石油市场的监管部门，尤其是采用针对行政部门的监察、审核工作等措施，提高监管的效率。④构建科学合理的人大立法部门关于监管部门的预算监督体系，特别是针对预算报告和预算执行审核。

行政监督机制作为中国石油市场行政监管的内部监督手段，是保证市场监管机构依法正常运行的基础。该机制包括上层政府机关对监管部门的行政监督以及下级监管机关对下级监管机构的行政监督。依据中国政府监督的主要框架，石油市场行政监管的监督框架包括特定部门的监督以及上级市场监管机构对下级市场监管机构的职能监督。然而考虑到中国政府监督体制依然不够规范和公正，尤其是特定监督以及职能监督契合度不足，纵向监督被地方组织干扰，降低了监督的效果。所以行政监督的核心需要包含以下几点：

①石油市场负责各个监督部门各自对应的权责分配；②处理好纵向监督和横向监督、专门监督和职能监督的关系；③构建合理的框架防止监管部门和政府监督机构相互勾结；④实施切合实际、科学有效的监督管理措施，让监管机构依法合理履行其职能。

司法监督又被视作司法审查，是管理监管部门合理运用自由量裁权的有力措施，确保了监管的公正。当前中国石油市场监管方面依然处于行政主导的框架之中，未确立对应的司法审查体制，关于监督的范围以及其和行政监督的联系没有达成共识。司法监督有着较为严重的空白地带，监管失责难以追溯。基于上述情况，司法监督的核心包括：①以司法审查机制为出发点，构建石油市场行政监管问责追溯框架；②制定石油市场监督政策实施的全局方案；③明晰我国石油市场司法监督的具体权责领域和措施。

社会监督是提高监管效率、构建公平市场环境、保障社会福利的核心，具体监督方式可以分为社会组织、公民、社会舆论以及行业自律等方面。当前中国石油市场公民监督与社会舆论监督发挥的效果不够充分，需要进一步提高。此外，缺少相关法律和政策来约束社会监督步入科学规范的发展轨道。综上所述，社会监督的核心为：①允许社会力量参与石油市场监管框架并为其提供法律保护；②借助科学合理的立法与监督框架为社会力量有效参与监督提供保障；③构建合理的监管框架避免监管政务混合现象的出现；④为社会舆论监督，特别是合理有效的网络监督提供渠道，构建科学合理的舆论监督机制；⑤发挥行业自律监督在市场运行中的作用。

四、构建中国石油行业科学的绩效评价体系

绩效评估在我国石油市场监管机制中显得尤为重要，为保证评估结果的科学合理，必须构建该市场监管绩效完善的评估机制。根据我国石油市场的技术特征，针对各种措施、法规的实施，只有强化相关方面的评估，才能有效推动监管体系的完善。在该评估机制中，核心内容是处理好评估的主体、对象、指标以及如何实施这四个方面。本章的目标是构建针对监管机构效率、经济绩效、社会绩效以及行政绩效四个角度的评估机制。

评估的主体代表着负责评估的机构。目前，我国石油市场效率评估由上级行政主管机构负责，属于单方面的评估，不但缺少监管部门内部的自我评

估，而且缺少社会力量的参与。针对监管机构的评估机制中的实施机构，不仅应包含上级行政单位，还需要有社会力量、学术界以及民间组织等各种主体共同参与，对监管机构的绩效实施多角度的评估。

如何选取评估对象需要从监管机构的权责、所处层级以及评估所需成本等角度出发。考虑到我国石油市场监管部门属于多层级，中央、地方、厂商的监管机构都应当被作为评估的对象，并且针对这三者的评估的出发点、措施以及指标选择应具有针对性。

评估指标的选择作为评估框架的基础，旨在提供一个"根据什么来评估"的方案。目前针对石油市场的评估框架中的指标设计不够科学、主旨不够明晰以及评估措施和技术不够先进。基于上述原因，必须从评估的客观实际出发，构建包括监管机构效率、经济绩效、社会绩效以及行政绩效四个要素的评估指标机制。

监管机构各种信息的可得性对科学合理的绩效评估有重要作用。然而，当前此类信息，不论公开与否，都不够完善，不符合多维度绩效评估的要求。基于此，必须强化相关机构的信息公开与处理，并保证绩效评估的透明与公正，以此加强监管机构的监管水平和效率。

附表

附表 a 资本存量计算

序号	注册地	公司	年份	GDP 缩减指数 (2005=100)	总资产 (千美元)	资本存量
1	英国	BP	2000	82.35	143 938 000	170 800 093
			2001	85.65	141 158 000	194 424 395
			2002	86.47	159 125 000	196 513 456
			2003	93.88	172 491 000	170 620 993
			2004	98.00	194 630 000	195 272 648
			2005	100.00	206 914 000	239 412 980
			2006	103.10	217 601 000	245 650 461
			2007	106.10	236 076 000	255 717 344
			2008	109.30	228 238 000	317 825 894
			2009	110.90	235 968 000	199 674 296
			2010	114.10	272 262 000	249 935 732
			2011	115.80	293 068 000	311 588 700
			2012	118.05	300 466 000	303 218 389
			2013	120.54	305 690 000	298 965 060
			2014	122.77	284 305 000	272 247 334
2	美国	Chevron	2000	79.54	77 621 000	135 402 613
			2001	80.41	77 572 000	117 469 189
			2002	79.97	77 359 000	108 866 674
			2003	81.70	81 470 000	124 595 200
			2004	96.40	93 208 000	151 787 850
			2005	100.00	125 833 000	185 725 732
			2006	105.40	132 628 000	188 664 513
			2007	111.40	148 786 000	191 485 306
			2008	119.60	161 165 000	233 905 927

续表

序号	注册地	公司	年份	GDP 缩减指数（2005＝100）	总资产（千美元）	资本存量
2	美国	Chevron	2009	120.20	164 621 000	140 401 015
			2010	126.30	184 769 000	170 926 766
			2011	135.70	209 474 000	206 566 871
			2012	141.59	232 982 000	188 306 174
			2013	149.54	253 753 000	177 447 826
			2014	158.22	266 026 000	158 061 622
3	中国	中海油	2000	80.66	3 937 741	3 494 959
			2001	84.69	5 354 684	2 956 298
			2002	87.92	7 381 115	3 856 378
			2003	92.76	8 880 871	5 919 886
			2004	97.60	11 333 517	6 680 027
			2005	100.00	14 220 845	8 269 666
			2006	101.80	19 883 215	10 556 804
			2007	103.70	24 613 702	10 599 711
			2008	106.20	30 238 640	14 912 388
			2009	105.90	35 480 538	12 067 817
			2010	106.80	49 513 249	21 309 587
			2011	108.00	60 985 573	27 295 736
			2012	108.61	72 511 763	26 757 341
			2013	109.53	101 840 748	2 849 1436
			2014	110.45	108 327 998	26 872 058
4	中国	中石化	2000	90.80	41 966 731	45 722 020
			2001	92.56	44 305 651	43 691 752
			2002	94.37	45 411 064	47 302 221
			2003	96.19	48 427 273	61 066 547
			2004	98.00	57 342 353	72 471 775
			2005	100.00	66 580 880	97 275 513
			2006	102.40	78 221 543	121 102 691
			2007	105.00	100 310 080	138 503 212

续表

序号	注册地	公司	年份	GDP 缩减指数（2005＝100）	总资产（千美元）	资本存量
4	中国	中石化	2008	107.60	112 344 099	169 662 048
			2009	108.20	128 561 254	138 953 283
			2010	109.40	150 257 289	202 677 713
			2011	110.80	181 645 160	260 690 167
			2012	111.89	201 394 837	278 274 309
			2013	113.15	226 618 372	280 153 250
			2014	114.42	237 190 397	257 403 366
5	美国	Conocophillips	2000	82.16	20 509 000	25 931 112
			2001	83.80	35 217 000	28 455 627
			2002	85.44	76 836 000	65 151 161
			2003	92.01	82 455 000	110 297 594
			2004	95.30	92 861 000	136 376 227
			2005	100.00	106 999 000	172 804 114
			2006	103.30	164 781 000	169 450 923
			2007	106.30	177 757 000	169 260 189
			2008	108.60	142 865 000	213 864 356
			2009	109.70	152 138 000	125 469 348
			2010	111.00	156 314 000	48 988 518
			2011	113.40	153 230 000	54 378 366
			2012	115.85	117 144 000	49 012 073
			2013	117.54	118 057 000	44 152 292
			2014	119.42	116 539 000	41 514 291
6	意大利	ENI	2000	63.00	53 358 642	67 223 536
			2001	69.24	55 289 108	45 204 418
			2002	76.41	69 012 966	53 016 867
			2003	86.12	89 321 398	88 280 661
			2004	93.30	99 233 141	77 342 957
			2005	100.00	98 918 206	83 823 862
			2006	106.20	116 307 128	109 234 995

续表

序号	注册地	公司	年份	GDP 缩减指数（2005＝100）	总资产（千美元）	资本存量
6	意大利	ENI	2007	112.40	149 359 195	118 401 634
			2008	121.70	162 258 223	134 999 495
			2009	130.50	169 312 324	103 602 331
			2010	141.20	176 283 429	114 931 839
			2011	151.10	184 956 537	120 816 322
			2012	163.04	184 555 027	146 438 273
			2013	175.72	190 786 068	134 788 640
			2014	189.38	177 510 006	111 593 243
7	美国	Exxon Mobil	2000	82.16	14 900 000	26 318 026
			2001	83.80	14 317 400	23 521 678
			2002	85.44	15 264 400	22 273 590
			2003	92.01	17 427 800	24 586 930
			2004	95.30	19 525 600	29 273 451
			2005	100.00	20 833 500	34 367 420
			2006	103.30	21 901 500	33 584 412
			2007	106.30	24 208 200	34 950 514
			2008	108.60	22 805 200	40 482 535
			2009	109.70	23 332 300	25 368 122
			2010	111.00	30 251 000	31 970 392
			2011	113.40	33 105 200	39 516 985
			2012	115.85	33 379 500	36 913 739
			2013	117.54	34 680 800	33 856 320
			2014	119.42	34 949 300	31 212 325
8	巴西	Petrobras	2000	87.60	34 260 427	40 017 495
			2001	90.13	32 390 362	36 628 296
			2002	92.75	27 532 933	24 001 392
			2003	95.38	47 172 565	37 211 427
			2004	98.00	55 409 677	41 778 071
			2005	100.00	78 427 825	56 193 065

续表

序号	注册地	公司	年份	GDP 缩减指数 (2005 = 100)	总资产 (千美元)	资本存量
8	巴西	Petrobras	2006	101.80	98 520 417	66 818 539
			2007	104.50	130 600 279	82 393 919
			2008	107.30	125 059 430	71 585 143
			2009	109.80	198 579 204	77 055 990
			2010	110.40	308 404 502	85 656 371
			2011	110.80	322 331 622	83 139 819
			2012	111.20	330 867 542	80 364 278
			2013	112.40	319 894 205	69 834 255
			2014	113.62	298 755 467	63 355 435
9	墨西哥	Permex	2000	81.40	153 787 413	138 893 857
			2001	85.03	60 912 819	64 357 818
			2002	88.65	67 624 651	60 241 367
			2003	92.28	75 246 690	67 657 698
			2004	95.90	84 113 995	69 174 833
			2005	100.00	96 712 430	83 607 085
			2006	104.10	110 719 089	93 068 808
			2007	107.60	122 423 717	94 585 669
			2008	110.10	91 358 401	89 094 485
			2009	112.60	102 003 808	64 646 602
			2010	111.90	112 706 587	80 437 057
			2011	111.10	109 599 795	87 049 176
			2012	111.45	155 585 505	94 650 605
			2013	111.07	156 570 215	79 902 744
			2014	110.79	144 609 881	65 554 297
10	马来西亚	Petroliam	2000	82.16	31 836 513	17 624 501
			2001	83.80	36 589 475	22 227 914
			2002	85.44	37 933 000	19 276 165
			2003	92.01	46 851 000	22 874 192
			2004	95.30	53 482 000	28 681 806

149

续表

序号	注册地	公司	年份	GDP 缩减指数（2005＝100）	总资产（千美元）	资本存量
10	马来西亚	Petroliam	2005	100.00	62 923 000	34 576 170
			2006	103.30	73 086 000	40 816 327
			2007	106.30	85 254 340	47 372 310
			2008	108.60	106 438 592	56 868 202
			2009	109.70	106 878 803	61 938 784
			2010	111.00	125 537 736	54 049 118
			2011	113.40	145 078 820	64 752 537
			2012	115.85	150 334 277	51 342 594
			2013	117.54	159 669 087	71 227 275
			2014	119.42	161 103 161	67 772 168
11	西班牙	Repsol	2000	45.90	48 775 925	49 674 229
			2001	53.58	45 333 085	42 632 611
			2002	61.91	39 917 784	40 703 071
			2003	70.89	48 035 416	48 609 611
			2004	83.90	54 065 873	54 188 853
			2005	100.00	54 009 223	56 758 785
			2006	115.10	59 529 832	66 703 721
			2007	130.00	69 430 092	71 546 375
			2008	156.30	68 790 305	73 437 855
			2009	159.90	83 674 393	58 276 978
			2010	178.90	90 415 779	64 646 092
			2011	206.60	91 811 263	69 405 003
			2012	238.59	85 656 764	67 034 020
			2013	262.18	89 760 100	66 371 806
			2014	294.74	62 998 466	46 741 424
12	俄罗斯	Rosneft	2000	82.16	467 667	486 257
			2001	83.80	1 307 576	956 840
			2002	85.44	3 119 509	2 344 575
			2003	92.01	6 797 406	5 016 355

续表

序号	注册地	公司	年份	GDP 缩减指数（2005＝100）	总资产（千美元）	资本存量
12	俄罗斯	Rosneft	2004	95.30	25 987 439	6 030 916
			2005	100.00	30 016 000	23 636 614
			2006	103.30	46 790 000	27 561 790
			2007	106.30	74 805 000	43 348 187
			2008	108.60	77 513 000	41 914 883
			2009	109.70	83 232 000	27 079 970
			2010	111.00	93 829 000	33 789 948
			2011	113.40	104 888 478	38 858 390
			2012	115.85	130 742 403	41 796 452
			2013	117.54	230 100 339	55 377 023
			2014	119.42	155 283 483	30 694 448
13	荷兰	Shell	2000	79.54	115 660 000	175 659 147
			2001	80.41	111 543 000	150 400 869
			2002	-79.97	152 691 000	196 100 556
			2003	81.70	169 557 000	203 639 424
			2004	96.40	192 811 000	261 018 887
			2005	100.00	219 516 000	293 299 447
			2006	105.40	235 276 000	297 991 703
			2007	111.40	269 470 000	327 571 389
			2008	119.60	282 401 000	414 535 831
			2009	120.20	292 181 000	242 020 401
			2010	126.30	322 560 000	331 752 320
			2011	135.70	345 257 000	418 096 889
			2012	141.59	350 294 000	408 508 475
			2013	149.54	357 512 000	390 545 293
			2014	158.22	353 116 000	360 663 971
14	中国	中石油	2000	86.00	29 232 442	61 762 182
			2001	83.36	28 862 967	66 001 729
			2002	86.53	29 529 436	69 524 881

151

续表

序号	注册地	公司	年份	GDP 缩减指数 (2005＝100)	总资产 (千美元)	资本存量
14	中国	中石油	2003	89.69	36 702 914	74 983 485
			2004	85.90	46 959 946	72 514 364
			2005	100.00	68 428 170	92 590 059
			2006	103.90	88 228 714	101 144 187
			2007	109.10	114 496 757	125 909 508
			2008	120.40	158 537 584	139 530 564
			2009	113.20	149 274 325	169 398 293
			2010	117.80	221 261 518	189 194 378
			2011	124.20	318 279 766	214 369 158
			2012	130.95	349 355 116	232 335 382
			2013	132.48	374 467 574	244 468 733
			2014	137.19	376 055 412	235 630 103
15	挪威	Statoil	2000	65.40	20 910 437	27 202 447
			2001	69.21	21 953 106	28 812 226
			2002	73.98	28 845 342	39 447 781
			2003	78.94	32 713 772	38 524 706
			2004	95.80	41 099 834	51 170 047
			2005	100.00	42 685 229	55 434 305
			2006	106.80	73 294 410	77 632 915
			2007	112.80	89 319 409	86 881 214
			2008	119.90	82 631 861	81 750 311
			2009	124.80	97 377 162	69 089 717
			2010	130.60	109 728 332	77 756 461
			2011	137.40	128 315 023	94 594 725
			2012	143.78	140 825 853	107 170 457
			2013	150.74	145 657 893	83 169 671
			2014	158.11	132 759 091	65 765 830
16	法国	Total	2000	90.80	81 663 547	111 526 011
			2001	92.56	78 082 998	94 412 183

续表

序号	注册地	公司	年份	GDP 缩减指数 (2005＝100)	总资产 (千美元)	资本存量
16	法国	Total	2002	94.37	89 484 673	108 934 674
			2003	96.19	100 992 717	131 719 517
			2004	98.00	118 185 414	132 787 587
			2005	100.00	125 218 534	131 109 725
			2006	102.40	138 578 958	163 751 373
			2007	105.00	167 143 627	183 294 357
			2008	107.60	164 651 946	197 780 894
			2009	108.20	184 041 022	139 106 327
			2010	109.40	192 136 371	164 532 780
			2011	110.80	212 263 003	186 101 263
			2012	111.89	225 912 938	205 369 843
			2013	113.15	239 223 000	190 984 269
			2014	114.42	229 798 000	175 448 629

资料来源：总资产数据来自 Osiris 数据库，GDP 缩减指数来自世界银行、IMF 数据库。

附表 b　　DEA-Malmquist 指数模型所用数据

序号	注册地	公司	年份	产出	资本投入	劳动投入
1	英国	BP	2000	174 781 857	170 800 093	107 200
			2001	164 813 599	194 424 395	110 150
			2002	178 079 865	196 513 456	115 250
			2003	190 334 624	170 620 993	103 700
			2004	216 535 342	195 272 648	102 900
			2005	222 822 058	239 412 980	96 200
			2006	214 744 781	245 650 461	97 000
			2007	219 736 538	255 717 344	97 600
			2008	131 402 507	317 825 894	92 000
			2009	164 364 306	199 674 296	80 300
			2010	120 020 235	249 935 732	79 700
			2011	116 701 760	311 588 700	83 400
			2012	108 656 680	303 218 389	86 400
			2013	124 308 783	298 965 060	83 900
			2014	95 280 131	272 247 334	84 700

续表

序号	注册地	公司	年份	产出	资本投入	劳动投入
2	美国	Chevron	2000	94 480 965	135 402 613	53 621
			2001	92 569 924	117 469 189	55 763
			2002	82 921 728	108 866 674	53 014
			2003	100 279 385	124 595 200	61 533
			2004	117 701 019	151 787 850	56 000
			2005	121 269 062	185 725 732	59 000
			2006	153 066 965	188 664 513	62 500
			2007	185 381 823	191 485 306	65 000
			2008	138 390 019	233 905 927	67 000
			2009	140 804 519	140 401 015	64 000
			2010	165 436 126	170 926 766	62 000
			2011	186 855 328	206 566 871	61 000
			2012	182 689 777	188 306 174	62 000
			2013	204 383 569	177 447 826	64 600
			2014	177 586 772	158 061 622	64 700
3	中国	中海油	2000	6 933 847	3 494 959	2 084
			2001	9 707 185	2 956 298	2 186
			2002	13 434 963	3 856 378	2 304
			2003	19 750 118	5 919 886	2 447
			2004	22 884 478	6 680 027	2 524
			2005	27 813 202	8 269 666	2 696
			2006	37 037 092	10 556 804	2 929
			2007	67 672 891	10 599 711	3 288
			2008	34 888 785	14 912 388	3 584
			2009	58 459 313	12 067 817	4 019
			2010	83 881 338	21 309 587	4 650
			2011	57 552 107	27 295 736	5 377
			2012	68 512 281	26 757 341	10 063
			2013	55 525 486	28 491 436	17 553
			2014	37 986 391	26 872 058	319 459

续表

序号	注册地	公司	年份	产出	资本投入	劳动投入
4	中国	中石化	2000	52 761 259	45 722 020	508 168
			2001	55 102 842	43 691 752	443 808
			2002	56 782 927	47 302 221	418 871
			2003	59 272 881	61 066 547	400 513
			2004	59 483 769	72 471 775	389 451
			2005	66 580 880	97 275 513	364 528
			2006	74 213 987	121 102 691	340 886
			2007	24 471 464	138 503 212	334 377
			2008	11 021 988	169 662 048	358 304
			2009	120 036 628	138 953 283	371 333
			2010	67 373 798	202 677 713	373 375
			2011	58 715 965	260 690 167	377 235
			2012	53 481 212	278 274 309	376 201
			2013	44 698 635	280 153 250	368 953
			2014	61 191 460	257 403 366	358 571
5	美国	Conocophillips	2000	21 521 376	25 931 112	12 400
			2001	29 045 028	28 455 627	38 700
			2002	38 280 606	65 151 161	57 000
			2003	97 314 097	110 297 594	39 000
			2004	126 600 514	136 376 227	35 800
			2005	80 160 401	172 804 114	35 600
			2006	114 653 328	169 450 923	38 400
			2007	132 870 044	169 260 189	32 600
			2008	71 108 980	213 864 356	33 800
			2009	69 072 259	125 469 348	30 000
			2010	90 138 907	48 988 518	29 700
			2011	85 319 514	54 378 366	29 800
			2012	60 761 849	49 012 073	16 900
			2013	73 639 979	44 152 292	18 400
			2014	71 185 205	41 514 291	19 100

续表

序号	注册地	公司	年份	产出	资本投入	劳动投入
6	意大利	ENI	2000	60 911 691	67 223 536	70 126
			2001	61 347 138	45 204 418	70 948
			2002	68 549 169	53 016 867	75 112
			2003	79 299 603	88 280 661	76 521
			2004	102 520 950	77 342 957	71 497
			2005	110 710 011	83 823 862	71 303
			2006	132 032 146	109 234 995	72 915
			2007	141 341 589	118 401 634	74 717
			2008	86 007 868	134 999 495	77 371
			2009	93 597 039	103 602 331	78 648
			2010	79 536 621	114 931 839	77 371
			2011	74 564 010	120 816 322	73 171
			2012	79 081 049	146 438 273	75 206
			2013	77 986 392	134 788 640	83 887
			2014	56 349 754	111 593 243	84 405
7	美国	Exxon Mobil	2000	18 136 411	26 318 026	99 600
			2001	17 085 554	23 521 678	97 900
			2002	27 398 668	22 273 590	95 000
			2003	29 266 047	24 586 930	91 000
			2004	34 429 722	29 273 451	86 000
			2005	34 449 061	34 367 420	82 000
			2006	42 498 862	33 584 412	79 000
			2007	48 154 948	34 950 514	80 800
			2008	37 391 087	40 482 535	79 900
			2009	29 509 325	25 368 122	80 700
			2010	33 217 275	31 970 392	83 600
			2011	35 826 481	39 516 985	82 100
			2012	34 061 690	36 913 739	76 900
			2013	37 613 575	33 856 320	75 000
			2014	32 782 936	31 212 325	75 300

续表

序号	注册地	公司	年份	产出	资本投入	劳动投入
8	巴西	Petrobras	2000	54 381 630	40 017 495	35 201
			2001	46 782 409	36 628 296	38 908
			2002	7 768 637	24 001 392	38 908
			2003	14 185 117	37 211 427	47 334
			2004	18 120 993	41 778 071	52 037
			2005	29 409 862	56 193 065	53 904
			2006	40 602 955	66 818 539	62 266
			2007	82 195 369	82 393 919	68 931
			2008	29 729 173	71 585 143	74 240
			2009	59 782 687	77 055 990	76 919
			2010	64 218 136	85 656 371	80 492
			2011	42 863 311	83 139 819	81 918
			2012	32 744 713	80 364 278	85 065
			2013	23 133 772	69 834 255	86 108
			2014	11 161 087	63 355 435	80 908
9	墨西哥	Permex	2000	235 148 949	138 893 857	134 852
			2001	88 007 249	64 357 818	134 852
			2002	91 409 152	60 241 367	134 852
			2003	95 324 257	67 657 698	134 852
			2004	87 801 664	69 174 833	134 852
			2005	96 712 430	83 607 085	134 852
			2006	103 669 559	93 068 808	134 852
			2007	108 531 664	94 585 669	134 852
			2008	76 195 497	89 094 485	134 852
			2009	81 733 821	64 646 602	143 743
			2010	86 299 071	80 437 057	143 743
			2011	79 766 954	87 049 176	143 743
			2012	108 207 096	94 650 605	143 743
			2013	103 871 111	79 902 744	143 743
			2014	91 458 793	65 554 297	143 743

续表

序号	注册地	公司	年份	产出	资本投入	劳动投入
10	马来西亚	Petroliam	2000	37 019 201	17 624 501	21 466
			2001	43 892 290	22 227 914	23 462
			2002	43 839 187	19 276 165	25 733
			2003	52 234 699	22 874 192	28 378
			2004	62 260 768	28 681 806	30 634
			2005	62 923 000	34 576 170	33 944
			2006	70 342 637	40 816 327	33 682
			2007	78 143 300	47 372 310	33 832
			2008	88 404 146	56 868 202	36 027
			2009	94 415 903	61 938 784	39 236
			2010	106 568 536	54 049 118	40 992
			2011	116 810 644	64 752 537	41 628
			2012	114 804 818	51 342 594	43 266
			2013	120 520 777	71 227 275	46 145
			2014	117 427 253	67 772 168	49 193
11	西班牙	Repsol	2000	59 921 284	49 674 229	27 150
			2001	53 317 360	42 632 611	28 375
			2002	18 197 466	40 703 071	30 110
			2003	25 834 110	48 609 611	30 644
			2004	33 224 105	54 188 853	32 376
			2005	35 531 162	56 758 785	35 909
			2006	40 467 305	66 703 721	36 931
			2007	40 721 674	71 546 375	37 565
			2008	23 302 480	73 437 855	36 302
			2009	29 255 667	58 276 978	41 014
			2010	30 411 756	64 646 092	43 298
			2011	33 754 717	69 405 003	46 575
			2012	22 805 916	67 034 020	29 985
			2013	29 628 669	66 371 806	30 296
			2014	23 002 214	46 741 424	24 289

续表

序号	注册地	公司	年份	产出	资本投入	劳动投入
12	俄罗斯	Rosneft	2000	1 018 883	486 257	559
			2001	2 440 544	956 840	559
			2002	5 038 958	2 344 575	1 377
			2003	9 588 421	5 016 355	3 802
			2004	30 974 302	6 030 916	9 228
			2005	30 016 000	23 636 614	20 323
			2006	40 651 607	27 561 790	74 200
			2007	77 874 707	43 348 187	106 000
			2008	26 418 152	41 914 883	161 912
			2009	55 348 416	27 079 970	158 884
			2010	42 497 011	33 789 948	159 771
			2011	34 064 759	38 858 390	160 837
			2012	39 489 110	41 796 452	166 100
			2013	31 074 135	55 377 023	228 000
			2014	12 514 431	30 694 448	228 000
13	荷兰	Shell	2000	143 389 959	175 659 147	95 000
			2001	131 700 849	150 400 869	90 000
			2002	173 669 076	196 100 556	116 000
			2003	182 790 422	203 639 424	119 000
			2004	197 552 254	261 018 887	114 000
			2005	219 516 000	293 299 447	109 000
			2006	231 115 914	297 991 703	108 000
			2007	111 415 070	327 571 389	104 000
			2008	63 870 936	414 535 831	102 000
			2009	74 681 315	242 020 401	101 000
			2010	83 546 301	331 752 320	97 000
			2011	93 497 301	418 096 889	90 000
			2012	82 722 534	408 508 475	87 000
			2013	84 771 402	390 545 293	92 000
			2014	77 006 129	360 663 971	94 000

续表

序号	注册地	公司	年份	产出	资本投入	劳动投入
14	中国	中石油	2000	36 751 502	61 762 182	508 168
			2001	35 896 810	66 001 729	443 808
			2002	4 370 017	69 524 881	418 871
			2003	12 336 018	74 983 485	400 513
			2004	9 738 179	72 514 364	389 451
			2005	17 281 911	92 590 059	364 528
			2006	28 372 683	101 144 187	340 886
			2007	33 745 144	125 909 508	334 377
			2008	15 454 989	139 530 564	358 304
			2009	21 094 121	169 398 293	371 333
			2010	21 829 800	189 194 378	373 375
			2011	19 361 411	214 369 158	377 235
			2012	21 187 623	232 335 382	376 201
			2013	15 467 108	244 468 733	368 953
			2014	14 787 308	235 630 103	358 571
15	挪威	Statoil	2000	25 452 368	27 202 447	16 789
			2001	26 197 563	28 812 226	16 686
			2002	21 526 180	39 447 781	17 115
			2003	26 628 318	38 524 706	11 077
			2004	36 137 300	51 170 047	19 929
			2005	50 130 839	55 434 305	25 644
			2006	81 999 186	77 632 915	26 899
			2007	93 638 484	86 881 214	27 641
			2008	47 775 181	81 750 311	28 001
			2009	72 818 304	69 089 717	28 107
			2010	67 943 690	77 756 461	30 344
			2011	72 056 797	94 594 725	29 378
			2012	68 685 163	107 170 457	26 728
			2013	65 591 960	83 169 671	23 600
			2014	47 150 614	65 765 830	23 300

续表

序号	注册地	公司	年份	产出	资本投入	劳动投入
16	法国	Total	2000	89 937 828	111 526 011	123 303
			2001	84 363 383	94 412 183	122 025
			2002	103 643 600	108 934 674	121 469
			2003	125 424 639	131 719 517	110 783
			2004	141 314 636	132 787 587	111 401
			2005	153 689 479	131 109 725	95 054
			2006	170 439 211	163 751 373	95 070
			2007	189 686 386	183 294 357	96 442
			2008	119 293 413	197 780 894	96 959
			2009	140 634 421	139 106 327	96 387
			2010	113 789 086	164 532 780	92 855
			2011	108 793 255	186 101 263	96 104
			2012	108 834 862	205 369 843	97 126
			2013	129 000 776	190 984 269	98 799
			2014	107 303 104	175 448 629	100 307

资料来源：Osiris 数据库。

附表 c　　不考虑技术进步时的技术效率

企业	年份	CRS－TE	VRS－TE	企业	年份	CRS－TE	VRS－TE
BP	2000	0.917	0.965	Permex	2000	0.617	0.716
	2001	0.374	0.657		2001	0.496	0.858
	2002	0.546	1.000		2002	0.876	1.000
	2003	0.951	1.000		2003	0.221	0.244
	2004	0.875	1.000		2004	0.895	1.000
	2005	1.000	1.000		2005	0.491	0.850
	2006	0.918	0.960		2006	0.762	0.902
	2007	0.684	1.000		2007	1.000	1.000
	2008	0.375	0.491		2008	0.917	1.000
	2009	0.858	0.923		2009	0.222	1.000
	2010	0.169	0.209		2010	0.632	0.718

续表

企业	年份	CRS-TE	VRS-TE	企业	年份	CRS-TE	VRS-TE
BP	2011	0.928	1.000	Permex	2011	0.927	0.932
	2012	1.000	1.000		2012	0.463	0.982
	2013	0.059	0.111		2013	0.980	0.988
	2014	1.000	1.000		2014	1.000	1.000
	平均	0.710	0.821		平均	0.700	0.879
Chevron	2000	0.762	0.829	Petroliam	2000	0.884	0.958
	2001	0.352	0.630		2001	0.601	0.841
	2002	0.523	0.988		2002	0.520	0.577
	2003	0.804	0.855		2003	0.188	0.206
	2004	0.554	0.561		2004	1.000	1.000
	2005	0.995	1.000		2005	0.399	0.845
	2006	1.000	1.000		2006	1.000	1.000
	2007	0.245	1.000		2007	0.808	0.958
	2008	0.554	0.768		2008	0.996	1.000
	2009	0.960	0.987		2009	0.300	0.915
	2010	0.174	0.321		2010	1.000	1.000
	2011	1.000	1.000		2011	0.959	0.972
	2012	1.000	1.000		2012	0.748	1.000
	2013	0.058	0.115		2013	1.000	1.000
	2014	0.688	0.825		2014	0.623	0.629
	平均	0.645	0.792		平均	0.735	0.860
中海油	2000	0.814	0.845	Repsol	2000	0.650	0.779
	2001	0.367	0.675		2001	0.690	0.967
	2002	0.537	0.981		2002	0.401	0.417
	2003	0.671	0.732		2003	0.157	0.168
	2004	0.736	0.754		2004	1.000	1.000
	2005	1.000	1.000		2005	0.522	0.522
	2006	0.673	0.757		2006	0.938	1.000
	2007	0.458	0.979		2007	0.896	1.000
	2008	0.470	0.679		2008	1.000	1.000

续表

企业	年份	CRS-TE	VRS-TE	企业	年份	CRS-TE	VRS-TE
中海油	2009	1.000	1.000	Repsol	2009	0.366	0.856
	2010	0.174	0.225		2010	0.384	0.440
	2011	0.594	0.705		2011	1.000	1.000
	2012	0.978	1.000		2012	0.791	0.976
	2013	0.868	1.000		2013	0.542	0.630
	2014	0.762	0.938		2014	0.879	0.890
	平均	0.673	0.818		平均	0.681	0.776
中石化	2000	1.000	1.000	Rosneft	2000	0.604	0.731
	2001	0.473	0.657		2001	0.664	0.930
	2002	0.527	0.951		2002	0.305	0.319
	2003	0.600	0.667		2003	0.233	0.258
	2004	1.000	1.000		2004	0.492	0.618
	2005	0.588	0.922		2005	0.550	0.963
	2006	0.844	1.000		2006	0.236	1.000
	2007	0.458	0.903		2007	0.832	0.957
	2008	0.401	0.546		2008	1.000	1.000
	2009	1.000	1.000		2009	0.353	0.782
	2010	0.224	0.291		2010	0.287	0.498
	2011	0.432	1.000		2011	0.501	0.865
	2012	1.000	1.000		2012	0.331	0.890
	2013	0.844	0.990		2013	0.978	0.994
	2014	0.812	0.922		2014	0.652	0.685
	平均	0.680	0.857		平均	0.535	0.766
Conocophillips	2000	1.000	1.000	Shell	2000	0.543	0.675
	2001	0.463	0.643		2001	0.713	1.000
	2002	0.614	0.933		2002	0.221	0.257
	2003	0.173	0.194		2003	0.923	1.000
	2004	0.516	0.536		2004	0.738	0.918
	2005	0.713	0.907		2005	0.931	1.000
	2006	0.754	0.867		2006	0.279	0.795

续表

企业	年份	CRS-TE	VRS-TE	企业	年份	CRS-TE	VRS-TE
Conocophillips	2007	0.305	0.903	Shell	2007	0.750	0.918
	2008	0.501	1.000		2008	0.888	0.895
	2009	0.932	1.000		2009	0.390	0.737
	2010	0.217	0.280		2010	0.350	1.000
	2011	0.934	0.970		2011	0.293	0.882
	2012	1.000	1.000		2012	0.395	0.821
	2013	0.506	0.824		2013	0.811	0.828
	2014	0.812	0.864		2014	0.575	0.604
	平均	0.629	0.795		平均	0.587	0.822
ENI	2000	1.000	1.000	中石油	2000	0.640	0.757
	2001	0.552	0.770		2001	0.618	0.971
	2002	1.000	1.000		2002	0.181	0.191
	2003	0.064	0.153		2003	1.000	1.000
	2004	0.569	0.596		2004	0.703	0.783
	2005	0.568	0.922		2005	0.901	1.000
	2006	0.659	0.757		2006	0.318	0.721
	2007	0.241	0.884		2007	0.683	0.853
	2008	0.569	1.000		2008	0.944	0.949
	2009	0.874	0.901		2009	0.386	0.723
	2010	0.511	1.000		2010	0.123	0.124
	2011	0.975	1.000		2011	0.383	0.891
	2012	0.124	0.996		2012	0.379	0.790
	2013	0.710	1.000		2013	0.724	0.759
	2014	0.908	0.930		2014	0.566	0.567
	平均	0.622	0.861		平均	0.570	0.739
Exxon Mobil	2000	0.956	0.964	Statoil	2000	0.486	0.636
	2001	0.642	0.900		2001	0.749	1.000
	2002	0.473	0.751		2002	0.198	0.207
	2003	0.846	1.000		2003	0.616	0.620
	2004	1.000	1.000		2004	0.488	0.506

续表

企业	年份	CRS-TE	VRS-TE	企业	年份	CRS-TE	VRS-TE
Exxon Mobil	2005	0.539	0.974	Statoil	2005	0.891	1.000
	2006	0.671	0.798		2006	0.385	0.665
	2007	0.196	0.942		2007	0.658	0.824
	2008	0.611	0.937		2008	0.988	0.993
	2009	0.787	1.000		2009	0.229	0.748
	2010	1.000	1.000		2010	0.398	0.939
	2011	0.987	0.989		2011	0.402	0.928
	2012	0.347	0.977		2012	0.307	0.752
	2013	0.655	0.801		2013	0.759	0.803
	2014	1.000	1.000		2014	0.663	0.683
	平均	0.714	0.936		平均	0.548	0.754
Petrobras	2000	0.972	0.975	Total	2000	0.761	1.000
	2001	0.465	0.648		2001	1.000	1.000
	2002	0.759	0.783		2002	0.188	0.195
	2003	0.326	0.362		2003	1.000	1.000
	2004	0.876	0.882		2004	0.720	1.000
	2005	0.556	0.948		2005	0.759	1.000
	2006	0.807	0.889		2006	0.447	0.572
	2007	0.104	1.000		2007	0.678	0.834
	2008	0.926	1.000		2008	1.000	1.000
	2009	0.675	1.000		2009	0.259	0.714
	2010	0.840	0.979		2010	0.245	0.450
	2011	1.000	1.000		2011	0.485	1.000
	2012	0.282	1.000		2012	0.318	0.732
	2013	0.839	0.880		2013	0.820	0.877
	2014	0.971	0.974		2014	0.574	0.607
	平均	0.693	0.888		平均	0.617	0.799

附表 d　　　　　　　　　　不考虑技术进步时的规模效率

序号	企业	年份	规模效率	序号	企业	年份	规模效率
1	BP	2000	0.950	3	中海油	2000	0.963
		2001	0.569			2001	0.544
		2002	0.546			2002	0.547
		2003	0.951			2003	0.917
		2004	0.875			2004	0.976
		2005	1.000			2005	1.000
		2006	0.956			2006	0.889
		2007	0.684			2007	0.468
		2008	0.764			2008	0.692
		2009	0.930			2009	1.000
		2010	0.809			2010	0.773
		2011	0.928			2011	0.843
		2012	1.000			2012	0.978
		2013	0.532			2013	0.868
		2014	1.000			2014	0.812
		平均	0.865			平均	0.823
2	Chevron	2000	0.919	4	中石化	2000	1.000
		2001	0.559			2001	0.720
		2002	0.529			2002	0.554
		2003	0.940			2003	0.900
		2004	0.988			2004	1.000
		2005	0.995			2005	0.638
		2006	1.000			2006	0.844
		2007	0.245			2007	0.507
		2008	0.721			2008	0.734
		2009	0.973			2009	1.000
		2010	0.542			2010	0.770
		2011	1.000			2011	0.432
		2012	1.000			2012	1.000
		2013	0.504			2013	0.853
		2014	0.834			2014	0.881
		平均	0.814			平均	0.794

续表

序号	企业	年份	规模效率	序号	企业	年份	规模效率
5	Conocophillips	2000	1.000	7	Exxon Mobil	2000	0.992
		2001	0.720			2001	0.713
		2002	0.658			2002	0.630
		2003	0.892			2003	0.846
		2004	0.963			2004	1.000
		2005	0.786			2005	0.553
		2006	0.870			2006	0.841
		2007	0.338			2007	0.208
		2008	0.501			2008	0.652
		2009	0.932			2009	0.787
		2010	0.775			2010	1.000
		2011	0.963			2011	0.998
		2012	1.000			2012	0.355
		2013	0.614			2013	0.818
		2014	0.940			2014	1.000
		平均	0.792			平均	0.763
6	ENI	2000	1.000	8	Petrobras	2000	0.997
		2001	0.717			2001	0.718
		2002	1.000			2002	0.969
		2003	0.418			2003	0.901
		2004	0.955			2004	0.993
		2005	0.616			2005	0.586
		2006	0.871			2006	0.908
		2007	0.273			2007	0.104
		2008	0.569			2008	0.926
		2009	0.970			2009	0.675
		2010	0.511			2010	0.858
		2011	0.975			2011	1.000
		2012	0.124			2012	0.282
		2013	0.710			2013	0.953
		2014	0.976			2014	0.997
		平均	0.722			平均	0.781

续表

序号	企业	年份	规模效率	序号	企业	年份	规模效率
9	Permex	2000	0.862	11	Repsol	2000	0.834
		2001	0.578			2001	0.714
		2002	0.876			2002	0.962
		2003	0.906			2003	0.935
		2004	0.895			2004	1.000
		2005	0.578			2005	1.000
		2006	0.845			2006	0.938
		2007	1.000			2007	0.896
		2008	0.917			2008	1.000
		2009	0.222			2009	0.428
		2010	0.880			2010	0.873
		2011	0.995			2011	1.000
		2012	0.471			2012	0.810
		2013	0.992			2013	0.860
		2014	1.000			2014	0.988
		平均	0.796			平均	0.877
10	Petroliam	2000	0.923	12	Rosneft	2000	0.826
		2001	0.715			2001	0.714
		2002	0.901			2002	0.956
		2003	0.913			2003	0.903
		2004	1.000			2004	0.796
		2005	0.472			2005	0.571
		2006	1.000			2006	0.236
		2007	0.843			2007	0.869
		2008	0.996			2008	1.000
		2009	0.328			2009	0.451
		2010	1.000			2010	0.576
		2011	0.987			2011	0.579
		2012	0.748			2012	0.372
		2013	1.000			2013	0.984
		2014	0.990			2014	0.952
		平均	0.855			平均	0.698

续表

序号	企业	年份	规模效率	序号	企业	年份	规模效率
13	Shell	2000	0.804	15	Statoil	2000	0.764
		2001	0.713			2001	0.749
		2002	0.860			2002	0.957
		2003	0.923			2003	0.994
		2004	0.804			2004	0.964
		2005	0.931			2005	0.891
		2006	0.351			2006	0.579
		2007	0.817			2007	0.799
		2008	0.992			2008	0.995
		2009	0.529			2009	0.306
		2010	0.350			2010	0.424
		2011	0.332			2011	0.433
		2012	0.481			2012	0.408
		2013	0.979			2013	0.945
		2014	0.952			2014	0.971
		平均	0.714			平均	0.727
14	中石油	2000	0.845	16	Total	2000	0.761
		2001	0.636			2001	1.000
		2002	0.948			2002	0.964
		2003	1.000			2003	1.000
		2004	0.898			2004	0.720
		2005	0.901			2005	0.759
		2006	0.441			2006	0.781
		2007	0.801			2007	0.813
		2008	0.995			2008	1.000
		2009	0.534			2009	0.363
		2010	0.992			2010	0.544
		2011	0.430			2011	0.485
		2012	0.480			2012	0.434
		2013	0.954			2013	0.935
		2014	0.998			2014	0.946
		平均	0.772			平均	0.772

附表 e　　　　　　考虑生产前沿面变动时的各类技术效率

序号	企业	年份	技术效率(EFFCH)	技术进步(TECHCH)	纯技术效率(PECH)	规模效率(SECH)	全要素生产率(TFPCH)
1	BP	2001	0.408	2.256	0.681	0.599	0.920
		2002	1.459	2.700	1.521	0.959	3.941
		2003	1.743	0.151	1.000	1.743	0.264
		2004	0.921	1.708	1.000	0.921	1.573
		2005	1.142	0.580	1.000	1.142	0.662
		2006	0.918	1.019	0.960	0.957	0.936
		2007	0.745	1.178	1.042	0.715	0.877
		2008	0.548	1.305	0.491	1.116	0.715
		2009	2.290	1.058	1.881	1.217	2.423
		2010	0.197	1.503	0.227	0.869	0.296
		2011	5.491	0.244	4.781	1.149	1.338
		2012	1.078	0.441	1.000	1.078	0.475
		2013	0.059	3.695	0.111	0.528	0.217
		2014	17.035	0.851	8.987	1.896	14.49
2	Chevron	2001	0.462	2.156	0.760	0.608	0.997
		2002	1.483	3.205	1.569	0.945	4.754
		2003	1.539	0.149	0.865	1.778	0.230
		2004	0.689	1.714	0.656	1.050	1.180
		2005	1.797	0.554	1.783	1.008	0.996
		2006	1.005	0.941	1.000	1.005	0.946
		2007	0.245	1.236	1.000	0.245	0.303
		2008	2.257	1.302	0.768	2.937	2.938
		2009	1.734	1.078	1.285	1.350	1.869
		2010	0.182	1.484	0.325	0.558	0.270
		2011	5.732	0.244	3.112	1.842	1.396
		2012	1.000	0.430	1.000	1.000	0.430
		2013	0.058	3.75	0.115	0.504	0.218
		2014	11.815	1.088	7.146	1.653	12.850

续表

序号	企业	年份	技术效率（EFFCH）	技术进步（TECHCH）	纯技术效率（PECH）	规模效率（SECH）	全要素生产率（TFPCH）
3	中海油	2001	0.451	2.197	0.799	0.565	0.991
		2002	1.462	3.329	1.452	1.007	4.866
		2003	1.250	0.149	0.746	1.675	0.186
		2004	1.098	1.712	1.031	1.065	1.879
		2005	1.358	0.55	1.326	1.024	0.747
		2006	0.673	0.922	0.757	0.888	0.620
		2007	0.681	1.239	1.293	0.527	0.844
		2008	1.025	1.285	0.693	1.479	1.317
		2009	2.128	1.061	1.473	1.445	2.259
		2010	0.174	1.529	0.225	0.774	0.266
		2011	3.409	0.278	3.133	1.088	0.949
		2012	1.647	0.413	1.419	1.161	0.681
		2013	0.888	4.295	1.000	0.888	3.813
		2014	0.878	1.053	0.938	0.936	0.924
4	中石化	2001	0.473	2.153	0.657	0.720	1.019
		2002	1.113	4.146	1.447	0.769	4.614
		2003	1.140	0.143	0.701	1.627	0.163
		2004	1.666	1.716	1.500	1.110	2.858
		2005	0.588	0.527	0.922	0.638	0.310
		2006	1.437	0.923	1.085	1.324	1.326
		2007	0.542	1.217	0.903	0.600	0.659
		2008	0.877	1.279	0.605	1.449	1.122
		2009	2.492	1.088	1.83	1.361	2.710
		2010	0.224	1.505	0.291	0.770	0.337
		2011	1.926	0.276	3.435	0.561	0.532
		2012	2.317	0.615	1.000	2.317	1.426
		2013	0.844	2.886	0.990	0.852	2.435
		2014	0.962	1.040	0.931	1.033	1.000

续表

序号	企业	年份	技术效率(EFFCH)	技术进步(TECHCH)	纯技术效率(PECH)	规模效率(SECH)	全要素生产率(TFPCH)
5	Conocophillips	2001	0.463	2.011	0.643	0.720	0.931
		2002	1.327	4.581	1.450	0.915	6.079
		2003	0.282	0.139	0.208	1.352	0.039
		2004	2.982	1.716	2.756	1.082	5.117
		2005	1.380	0.566	1.693	0.816	0.781
		2006	1.058	0.982	0.956	1.107	1.040
		2007	0.404	1.237	1.029	0.392	0.499
		2008	1.644	1.279	1.121	1.466	2.103
		2009	1.862	1.062	1.000	1.862	1.978
		2010	0.233	1.528	0.280	0.830	0.356
		2011	4.306	0.375	3.461	1.244	1.615
		2012	1.070	0.391	1.031	1.038	0.419
		2013	0.506	3.067	0.824	0.614	1.553
		2014	1.604	0.934	1.048	1.531	1.498
6	ENI	2001	0.552	1.917	0.77	0.716	1.057
		2002	1.813	4.486	1.298	1.397	8.132
		2003	0.064	0.139	0.153	0.416	0.009
		2004	8.934	1.710	3.897	2.293	15.28
		2005	0.999	0.556	1.547	0.646	0.556
		2006	1.161	0.943	0.822	1.413	1.094
		2007	0.365	1.238	1.167	0.313	0.452
		2008	2.365	1.311	1.131	2.091	3.101
		2009	1.535	1.073	0.901	1.703	1.647
		2010	0.586	1.647	1.11	0.528	0.964
		2011	1.907	0.277	1.000	1.907	0.528
		2012	0.127	0.376	0.996	0.127	0.048
		2013	5.742	3.065	1.004	5.717	17.602
		2014	1.279	0.806	0.93	1.375	1.031

续表

序号	企业	年份	技术效率(EFFCH)	技术进步(TECHCH)	纯技术效率(PECH)	规模效率(SECH)	全要素生产率(TFPCH)
7	Exxon Mobil	2001	0.672	1.917	0.934	0.72	1.288
		2002	0.736	4.431	0.835	0.882	3.263
		2003	1.789	0.139	1.331	1.345	0.249
		2004	1.182	1.902	1.000	1.182	2.247
		2005	0.539	0.623	0.974	0.553	0.336
		2006	1.246	0.922	0.819	1.521	1.149
		2007	0.292	1.237	1.180	0.247	0.360
		2008	3.122	1.347	0.995	3.138	4.207
		2009	1.287	1.058	1.067	1.206	1.362
		2010	1.271	1.556	1.000	1.271	1.978
		2011	0.987	0.351	0.989	0.997	0.346
		2012	0.352	0.362	0.987	0.356	0.127
		2013	1.889	3.301	0.820	2.304	6.235
		2014	1.526	0.888	1.249	1.222	1.356
8	Petrobras	2001	0.479	1.917	0.665	0.720	0.917
		2002	1.631	4.474	1.208	1.350	7.297
		2003	0.429	0.144	0.463	0.928	0.062
		2004	2.691	1.884	2.436	1.105	5.071
		2005	0.634	0.565	1.074	0.59	0.359
		2006	1.452	0.923	0.938	1.548	1.340
		2007	0.129	1.235	1.125	0.115	0.159
		2008	8.897	1.344	1.000	8.897	11.962
		2009	0.729	1.068	1.000	0.729	0.779
		2010	1.244	1.524	0.979	1.271	1.897
		2011	1.191	0.351	1.021	1.166	0.418
		2012	0.282	0.363	1.000	0.282	0.102
		2013	2.972	3.269	0.880	3.376	9.716
		2014	1.157	0.92	1.106	1.046	1.064

续表

序号	企业	年份	技术效率（EFFCH）	技术进步（TECHCH）	纯技术效率（PECH）	规模效率（SECH）	全要素生产率（TFPCH）
9	Permex	2001	0.804	1.962	1.198	0.671	1.577
		2002	1.769	3.824	1.166	1.518	6.764
		2003	0.252	0.139	0.244	1.034	0.035
		2004	4.058	1.703	4.106	0.988	6.911
		2005	0.549	0.549	0.850	0.646	0.301
		2006	1.551	0.923	1.061	1.461	1.432
		2007	1.312	1.237	1.108	1.183	1.622
		2008	0.917	1.236	1.000	0.917	1.133
		2009	0.242	1.107	1.000	0.242	0.268
		2010	2.846	1.476	0.718	3.962	4.200
		2011	1.467	0.357	1.297	1.131	0.524
		2012	0.499	0.345	1.054	0.473	0.172
		2013	2.119	3.596	1.006	2.107	7.618
		2014	1.020	0.790	1.012	1.008	0.806
10	Petroliam	2001	0.680	1.917	0.877	0.775	1.303
		2002	0.865	4.287	0.687	1.260	3.709
		2003	0.362	0.139	0.357	1.015	0.05
		2004	5.305	1.838	4.851	1.094	9.751
		2005	0.399	0.570	0.845	0.472	0.227
		2006	2.508	0.974	1.184	2.118	2.443
		2007	0.808	1.179	0.958	0.844	0.952
		2008	1.233	1.349	1.044	1.181	1.663
		2009	0.302	1.058	0.915	0.330	0.319
		2010	3.329	1.864	1.092	3.047	6.205
		2011	0.959	0.292	0.972	0.987	0.280
		2012	0.78	0.339	1.029	0.758	0.264
		2013	1.337	3.742	1.000	1.337	5.002
		2014	0.623	0.733	0.629	0.990	0.456

续表

序号	企业	年份	技术效率（EFFCH）	技术进步（TECHCH）	纯技术效率（PECH）	规模效率（SECH）	全要素生产率（TFPCH）
11	Repsol	2001	1.061	1.917	1.241	0.855	2.034
		2002	0.581	4.210	0.431	1.348	2.447
		2003	0.392	0.148	0.402	0.974	0.058
		2004	6.36	1.862	5.962	1.067	11.842
		2005	0.522	0.604	0.920	0.567	0.315
		2006	1.798	1.037	1.087	1.654	1.865
		2007	0.955	1.237	1.000	0.955	1.181
		2008	1.116	1.349	1.000	1.116	1.505
		2009	0.366	1.058	0.856	0.427	0.387
		2010	1.051	1.51	0.514	2.047	1.587
		2011	2.602	0.366	2.274	1.144	0.952
		2012	0.791	0.325	0.976	0.810	0.257
		2013	0.686	3.925	0.645	1.063	2.692
		2014	1.621	0.828	1.413	1.147	1.343
12	Rosneft	2001	1.099	1.917	1.271	0.864	2.106
		2002	0.460	3.193	0.343	1.340	1.468
		2003	0.763	0.152	0.809	0.943	0.116
		2004	2.114	1.842	2.392	0.884	3.896
		2005	1.117	0.718	1.560	0.716	0.802
		2006	0.430	1.040	1.038	0.414	0.447
		2007	3.519	1.235	0.957	3.676	4.345
		2008	1.202	1.315	1.045	1.150	1.580
		2009	0.353	1.085	0.782	0.451	0.383
		2010	0.814	1.863	0.637	1.278	1.517
		2011	1.743	0.297	1.737	1.004	0.519
		2012	0.661	0.343	1.029	0.643	0.227
		2013	2.954	3.922	1.116	2.646	11.585
		2014	0.666	0.862	0.689	0.967	0.575

续表

序号	企业	年份	技术效率(EFFCH)	技术进步(TECHCH)	纯技术效率(PECH)	规模效率(SECH)	全要素生产率(TFPCH)
13	Shell	2001	1.312	1.917	1.481	0.886	2.516
		2002	0.311	2.771	0.257	1.209	0.861
		2003	4.168	0.150	3.890	1.071	0.625
		2004	0.799	1.862	0.918	0.87	1.488
		2005	1.263	0.718	1.089	1.160	0.906
		2006	0.300	1.038	0.795	0.378	0.311
		2007	2.683	1.237	1.155	2.322	3.319
		2008	1.185	1.277	0.975	1.216	1.514
		2009	0.44	1.117	0.824	0.533	0.491
		2010	0.896	1.890	1.356	0.661	1.693
		2011	0.837	0.297	0.882	0.948	0.248
		2012	1.348	0.377	0.93	1.449	0.508
		2013	2.055	4.046	1.009	2.037	8.314
		2014	0.709	0.828	0.73	0.972	0.587
14	中石油	2001	0.966	1.924	1.282	0.754	1.859
		2002	0.292	2.613	0.197	1.484	0.764
		2003	5.533	0.160	5.228	1.058	0.885
		2004	0.703	1.803	0.783	0.897	1.267
		2005	1.283	0.718	1.277	1.004	0.921
		2006	0.353	1.038	0.721	0.49	0.366
		2007	2.148	1.239	1.184	1.815	2.662
		2008	1.381	1.308	1.112	1.241	1.807
		2009	0.409	1.173	0.762	0.538	0.480
		2010	0.318	1.89	0.171	1.855	0.600
		2011	3.121	0.285	7.200	0.433	0.889
		2012	0.989	0.305	0.886	1.116	0.302
		2013	1.911	4.106	0.961	1.988	7.847
		2014	0.782	0.720	0.747	1.047	0.563

续表

序号	企业	年份	技术效率 (EFFCH)	技术进步 (TECHCH)	纯技术效率 (PECH)	规模效率 (SECH)	全要素生产率 (TFPCH)
15	Statoil	2001	1.543	2.134	1.572	0.982	3.292
		2002	0.264	2.165	0.207	1.274	0.571
		2003	3.118	0.155	2.996	1.041	0.482
		2004	0.793	1.930	0.817	0.970	1.530
		2005	1.824	0.718	1.974	0.924	1.309
		2006	0.432	1.036	0.665	0.650	0.448
		2007	1.710	1.234	1.241	1.378	2.111
		2008	1.502	1.344	1.205	1.247	2.020
		2009	0.231	1.158	0.753	0.307	0.268
		2010	1.740	1.890	1.255	1.386	3.288
		2011	1.011	0.300	0.988	1.023	0.304
		2012	0.764	0.336	0.811	0.942	0.257
		2013	2.468	3.772	1.068	2.310	9.310
		2014	0.874	0.751	0.85	1.029	0.657
16	Total	2001	1.315	2.375	1.000	1.315	3.122
		2002	0.188	1.944	0.195	0.962	0.366
		2003	5.318	0.149	5.116	1.040	0.791
		2004	0.720	1.755	1.000	0.720	1.264
		2005	1.054	0.718	1.000	1.054	0.756
		2006	0.589	1.036	0.572	1.029	0.610
		2007	1.516	1.217	1.458	1.040	1.846
		2008	1.475	1.378	1.199	1.230	2.033
		2009	0.259	1.157	0.714	0.363	0.300
		2010	0.944	1.848	0.630	1.499	1.745
		2011	1.982	0.300	2.223	0.892	0.595
		2012	0.655	0.373	0.732	0.895	0.244
		2013	2.580	4.057	1.199	2.152	10.467
		2014	0.699	0.769	0.692	1.010	0.537

附表 f　　　　　　　　　分年度各类效率几何平均值

年度	企业	技术效率（EFFCH）	技术进步（TECHCH）	纯技术效率（PECH）	规模效率（SECH）	全要素生产率（TFPCH）
2001	中海油	0.451	2.197	0.799	0.565	0.991
	中石化	0.473	2.153	0.657	0.720	1.019
	中石油	0.966	1.924	1.282	0.754	1.859
	年平均值	0.722	2.032	0.946	0.763	1.466
2002	中海油	1.462	3.329	1.452	1.007	4.866
	中石化	1.113	4.146	1.447	0.769	4.614
	中石油	0.292	2.613	0.197	1.484	0.764
	年平均值	0.780	3.405	0.684	1.140	2.656
2003	中海油	1.250	0.149	0.746	1.675	0.186
	中石化	1.140	0.143	0.701	1.627	0.163
	中石油	5.533	0.160	5.228	1.058	0.885
	年平均值	0.963	0.146	0.853	1.129	0.141
2004	中海油	1.098	1.712	1.031	1.065	1.879
	中石化	1.666	1.716	1.500	1.110	2.858
	中石油	0.703	1.803	0.783	0.897	1.267
	年平均值	1.768	1.789	1.690	1.046	3.164
2005	中海油	1.358	0.550	1.326	1.024	0.747
	中石化	0.588	0.527	0.922	0.638	0.310
	中石油	1.283	0.718	1.277	1.004	0.921
	年平均值	0.929	0.610	1.193	0.778	0.567
2006	中海油	0.673	0.922	0.757	0.888	0.620
	中石化	1.437	0.923	1.085	1.324	1.326
	中石油	0.353	1.038	0.721	0.490	0.366
	年平均值	0.892	0.980	0.887	1.006	0.874
2007	中海油	0.681	1.239	1.293	0.527	0.844
	中石化	0.542	1.217	0.903	0.600	0.659
	中石油	2.148	1.239	1.184	1.815	2.662
	年平均值	0.783	1.227	1.104	0.709	0.960

续表

年度	企业	技术效率（EFFCH）	技术进步（TECHCH）	纯技术效率（PECH）	规模效率（SECH）	全要素生产率（TFPCH）
2008	中海油	1.025	1.285	0.693	1.479	1.317
	中石化	0.877	1.279	0.605	1.449	1.122
	中石油	1.381	1.308	1.112	1.241	1.807
	年平均值	1.501	1.313	0.935	1.605	1.970
2009	中海油	2.128	1.061	1.473	1.445	2.259
	中石化	2.492	1.088	1.830	1.361	2.710
	中石油	0.409	1.173	0.762	0.538	0.480
	年平均值	0.724	1.091	1.016	0.713	0.790
2010	中海油	0.174	1.529	0.225	0.774	0.266
	中石化	0.224	1.505	0.291	0.770	0.337
	中石油	0.318	1.890	0.171	1.855	0.600
	年平均值	0.655	1.648	0.550	1.191	1.079
2011	中海油	3.409	0.278	3.133	1.088	0.949
	中石化	1.926	0.276	3.435	0.561	0.532
	中石油	3.121	0.285	7.200	0.433	0.889
	年平均值	2.002	0.303	1.936	1.034	0.607
2012	中海油	1.647	0.413	1.419	1.161	0.681
	中石化	2.317	0.615	1.000	2.317	1.426
	中石油	0.989	0.305	0.886	1.116	0.302
	年平均值	0.737	0.378	0.984	0.749	0.279
2013	中海油	0.888	4.295	1.000	0.888	3.813
	中石化	0.844	2.886	0.990	0.852	2.435
	中石油	1.911	4.106	0.961	1.988	7.847
	年平均值	1.118	3.632	0.732	1.527	4.062
2014	中海油	0.878	1.053	0.938	0.936	0.924
	中石化	0.962	1.040	0.931	1.033	1.000
	中石油	0.782	0.720	0.747	1.047	0.563
	年平均值	1.364	0.860	1.184	1.151	1.172

附表 g   主要石油企业生产效率损失计算的原始数据

序号	企业	年份	vrs – te	生产成本	营业收入（千美元）
1	中海油	2000	0.845	1 404 225	2 926 230
		2001	0.675	1 240 141	2 524 924
		2002	0.981	1 606 219	3 209 633
		2003	0.732	3 011 597	5 000 631
		2004	0.754	3 931 358	6 734 557
		2005	1.000	4 069 808	8 618 969
		2006	0.757	5 835 428	11 581 091
		2007	0.979	6 674 198	12 420 096
		2008	0.679	10 294 406	18 501 932
		2009	1.000	9 504 626	15 435 253
		2010	0.225	16 839 745	27 724 937
		2011	0.705	23 930 549	38 529 733
		2012	1.000	25 514 181	39 895 541
		2013	1.000	27 425 274	44 714 373
		2014	0.938	30 985 293	44 882 172
2	中石化	2000	1.000	33 697 301	38 281 752
		2001	0.657	33 278 804	37 065 413
		2002	0.951	35 618 982	39 672 357
		2003	0.667	46 292 243	51 919 245
		2004	1.000	63 842 081	72 925 752
		2005	0.922	91 473 448	101 057 969
		2006	1.000	122 219 112	132 967 992
		2007	0.903	148 777 485	161 319 445
		2008	0.546	206 162 901	211 575 507
		2009	1.000	164 155 113	177 653 692
		2010	0.291	247 218 336	265 315 422
		2011	1.000	350 666 885	368 009 646
		2012	1.000	397 336 227	413 204 803
		2013	0.990	424 309 437	440 776 237
		2014	0.922	419 057 701	430 578 865

续表

序号	企业	年份	vrs – te	生产成本	营业收入（千美元）
3	中石油	2000	0.757	18 492 546	29 232 442
		2001	0.971	20 040 233	28 862 967
		2002	0.191	20 698 778	29 529 436
		2003	1.000	24 392 089	36 702 914
		2004	0.783	28 859 541	46 959 946
		2005	1.000	44 473 744	68 428 170
		2006	0.721	62 697 019	88 228 714
		2007	0.853	87 091 149	114 496 757
		2008	0.949	133 624 788	158 537 584
		2009	0.723	128 018 359	149 274 325
		2010	0.124	192 504 609	221 261 518
		2011	0.891	288 817 944	318 279 766
		2012	0.790	321 087 342	349 355 116
		2013	0.759	343 054 688	374 467 574
		2014	0.567	348 188 603	376 055 412

资料来源：Osiris 数据库。

附表 h 平减后主要石油企业生产效率损失计算

序号	企业	年份	平减指数	生产成本	营业收入（千美元）
1	中海油	2000	79.54	1 765 414	3 678 904
		2001	80.41	1 542 360	3 140 243
		2002	79.97	2 008 450	4 013 391
		2003	81.70	3 686 064	6 120 556
		2004	96.40	4 078 173	6 986 055
		2005	100.00	4 069 808	8 618 969
		2006	105.40	5 536 459	10 987 752
		2007	111.40	5 991 201	11 149 099
		2008	119.60	8 607 363	15 469 843
		2009	120.20	7 907 343	12 841 309
		2010	126.30	13 333 131	21 951 652

续表

序号	企业	年份	平减指数	生产成本	营业收入（千美元）
1	中海油	2011	135.70	17 634 893	28 393 319
		2012	141.59	18 019 890	28 177 007
		2013	149.54	18 339 149	29 900 286
		2014	158.22	19 583 768	28 367 072
2	中石化	2000	79.54	42 364 796	48 128 442
		2001	80.41	41 388 777	46 098 174
		2002	79.97	44 538 707	49 607 130
		2003	81.70	56 659 698	63 546 903
		2004	96.40	66 226 225	75 649 120
		2005	100.00	91 473 448	101 057 969
		2006	105.40	115 957 412	126 155 590
		2007	111.40	133 552 500	144 810 992
		2008	119.60	172 377 007	176 902 598
		2009	120.20	136 568 314	147 798 413
		2010	126.30	195 738 983	210 067 634
		2011	135.70	258 413 327	271 193 549
		2012	141.59	280 626 494	291 833 987
		2013	149.54	283 733 680	294 744 950
		2014	158.22	264 858 843	272 140 614
3	中石油	2000	79.54	23 249 131	36 751 502
		2001	80.41	24 923 995	35 896 810
		2002	79.97	25 882 178	36 924 213
		2003	81.70	29 854 859	44 922 774
		2004	96.40	29 937 284	48 713 637
		2005	100.00	44 473 744	68 428 170
		2006	105.40	59 484 838	83 708 458
		2007	111.40	78 178 770	102 779 854
		2008	119.60	111 726 411	132 556 508
		2009	120.20	106 504 458	124 188 291
		2010	126.30	152 418 535	175 187 267

续表

序号	企业	年份	平减指数	生产成本	营业收入（千美元）
3	中石油	2011	135.70	212 835 625	234 546 622
		2012	141.59	226 774 225	246 738 895
		2013	149.54	229 399 020	250 404 665
		2014	158.22	220 067 142	237 679 921

资料来源：Osiris 数据库，世界统计年鉴。

附表 i　　　　　中国石油行业相关法律法规汇总

序号	主要业务领域	法律法规汇总
1	石油勘探与开采业务	《中华人民共和国矿产资源法》（1986年制定，后多次修订）、《财政部关于中外合作开采陆上石油资源缴纳矿区使用费有关预算管理问题的通知》（1999）、《矿业权出让转让管理暂行规定》（2000）、《国家安监局关于加强浅海、近海和内陆湖泊石油作业安全生产监督管理工作的通知》（2001）、《地质资料管理条例》（2002）、《海洋石油开发工程环境影响评价管理程序》（2002）、《陆上石油和天然气开采业安全评价导则》（2003）、《海上石油作业安全应急要求》（2004）、《探矿权采矿权转让管理办法》（2006）、《矿产资源开采登记管理办法》（2006）、《国家外汇管理局综合司关于外国石油开采企业缴纳石油特别收益金办理结汇有关事项的复函》（2006）、《财政部关于征收石油特别收益金有关问题的补充通知》（2006）、《石油特别收益金征收管理办法》（2006）、《企业会计准则第27号石油天然气开采》（2006）、《国家税务总局关于上海石油天然气总公司开采海洋石油天然气资源税收问题的通知》（2006）、《中华人民共和国防治海岸工程建设项目污染损害海洋环境管理条例》（2007）、《中外合作开采海洋石油的外国合同者按合同规定所得原油出口征免关税事宜》（2007）、《国家安全生产监督管理总局海洋石油作业安全办公室工作规则（试行）》（2007）、《财政部、中国人民银行关于增设石油特别收益金收入和退库科目的通知》（2008）、《财政部国家税务总局关于开采油（气）资源企业费用和有关固定资产折耗摊销折旧税务处理问题的通知》（2009）、《油气田企业增值税管理办法》（2009）、《海洋石油建设项目生产设施设计审查与安全竣工验收实施细则》（2009）、《海洋石油安全管理细则》（2009）、《矿产资源勘查区块登记管理办法》（2010）、《国土资源部关于进一步规范探矿权管理有关问题的通知》（2010）、《新疆原油天然气资源税改革若干问题的规定》（2010）、《中华人民共和国对外合作开采陆上石油资源条例》（2011）、《关于在我国陆上特定地区开采石油（天然气）进口物资免征进口税收的规定》（2013）

续表

序号	主要业务领域	法律法规汇总
2	石油进出口业务	《海洋和陆上特定地区开采石油（天然气）进口物资的免税审批操作程序》(1997)、《原油、成品油进口组织实施办法》(1999)、《原油、成品油、化肥国营贸易进口经营管理试行办法》(2002)、《国家税务总局关于成品油出口有关退税问题的通知》(2002)、《财政部、国家税务总局关于海洋工程结构物增值税实行退税的通知》(2003)、《国家发展和改革委员会、财政部、商务部等关于调整成品油出口政策有关问题的通知》(2005)、《财政部国家税务总局关于暂停汽油、石脑油出口退税的通知》(2006)、《财政部、国家税务总局关于调整成品油进口环节消费税的通知》(2008)、《财政部关于成品油进口税收问题的通知》(2008)、《国家发展改革委、财政部关于调整进口原油出入境检验检疫收费标准的通知》(2010)、《关于在我国海洋开采石油（天然气）进口物资免征进口税收的规定》(2013)
3	石油管输业务	《关于加强石油天然气管道保护的通知》(1999)、《石油天然气管道安全监督与管理暂行规定》(2000)、《国家税务总局关于西气东输管道运输业务营业税纳税地点问题的通知》(2004)、《国家税务总局关于新疆油田油气储运公司管道运输收入征收流转税问题的通知》(2005)、《交通部关于加强国内成品油运输市场管理的通知》(2005)、《国家安全监管总局关于进一步加强输油气管道安全运行监督管理工作的通知》(2007)、《中华人民共和国石油天然气管道保护法》(2010)、《国家林业局关于石油天然气管道建设使用林地有关问题的通知》(2010)
4	石油存储业务	《财政部、国家税务总局关于国家石油储备基地建设有关税收政策的通知》(2005)、《国家安全规制总局办公厅关于中央企业在浙原油储存设施安全规制法规适用问题的复函》(2009)
5	石油炼化业务	《国家税务总局关于石油石化企业经营管理体制改革过程中有关企业所得税问题的通知》(1998)、《石油化工企业环境应急预案编制指南》(2010)
6	石油销售业务	《国家税务总局关于中国石油天然气集团和中国石油化工集团使用的"成品油配置计划表"有关印花税问题的通知》(2002)、《成品油零售加油站增值税征收管理办法》(2002)、《国家发展改革委关于做好成品油市场供应加强价格管理的通知》(2006)、《成品油市场管理办法》(2006)、《成品油零售企业管理技术规范》(2006)、《国家发展改革委关于切实加强液化气价格管理保证市场供应的通知》(2007)、《财政部、中国人民银行、国家税务总局、交通运输部关于实施成品油价格和税费改革有关预算管理问题的通知》(2008)、《国家工商行政管理总局关于开展成品油市场专项整治工作的通知》(2008)、《国家发展和改革委员会、商务部关于民营成品油企业经营有关问题的通知》(2008)、

续表

序号	主要业务领域	法律法规汇总
6	石油销售业务	《国家发展改革委、民航局关于建立民航国内航线旅客运输燃油附加与航空煤油价格联动机制有关问题的通知》(2009)、《国家工商行政管理总局关于进一步加强成品油市场监督管理工作的意见》(2009)、《汽油、柴油消费税管理办法（试行）》(2011)、《石油价格管理办法（试行）》(2013)
7	其他	《国家安全生产监督管理总局关于陆上石油天然气建设项目安全设施设计审查与竣工验收有关事项的通知》(2006)、《原油经营企业指引手册》(2006)、《原油市场管理办法》(2006)、《国家税务总局关于中国石油天然气集团公司矿区服务业务有关营业税问题的通知》(2007)

资料来源：作者根据国家部委公布材料以及其他在线资料整理。

附表 j　　　　　　　　　　中国石油行业监管机构

序号	部门	有关司局	职能简述
1	国土资源部	地质勘查司、政策法规司、调控和监测司、土地利用管理司等	国土资源部负责石油资源开发管理，承担地质勘查和石油资源储量勘查，同时保护石油资源、预防地址灾害。 　　地质勘查司（矿产资源勘查办公室）是国土资源局内与石油资源规制相关性最强的部门，负责管理石油矿产资源的探矿权、采矿权。主要任务是组织陆上石油资源、海洋石油资源的调查与评价；编制石油资源勘查规划、监督勘查规划的执行情况；组织拟定石油资源战略规划、承担采矿权、探矿权的管理工作，审核监督中外合作油田区块。 　　政策法规司负责制定国土资源部开展石油相关工作的法规依据。调控和监测司开展油田区块资源统计工作，调研分析石油资源形势。土地利用管理司承担油田土地的出让、流转等行为。
2	商务部	对外贸易司、产业安全与进出口规制局、对外投资和经济合作司、世界贸易司、政策研究室等	商务部负责拟定石油行业的国际合作战略、政策，审核石油企业进出口、非国营企业原油进口配额等。 　　对外贸易司拟定进出口石油管理办法和目录，组织石油进出口总量的计划与实施工作；编制原油、成品油进出口商品配额，编制石油进出口关税配额年度计划；指导石油产品外贸体系建设。 　　产业安全与进出口规制局承担石油产品的进出口规制、安全检查；承担对石油行业的竞争力分析与评价工作，致力于提高石油行业的技术创新工作。

续表

序号	部门	有关司局	职能简述
2	商务部	对外贸易司、产业安全与进出口规制局、对外投资和经济合作司、世界贸易司、政策研究室等	对外投资和经济合作司组织实施中国石油行业的走出去战略，指导该行业的对外投资、境外油田资源合作、境外石油炼化加工等业务。 政策研究室就石油国内外贸易许可、进出口配额等相关问题进行研究，并对建立健全石油行业现代市场体系提出建议。
3	工业与信息化部	运行监测协调局、产业政策司、规划司、政策法规司等	工业与信息化部制定石油行业相关规划和产业政策，并对其执行情况进行监督检测，对石油行业运行趋势进行预测。 运行监测协调局对石油行业日常运行、国内外形势进行监测、统计并发布相关信息；对可能发生的意外进行预警和防范。 产业政策司组织拟定石油产业政策，并对其执行情况进行监督；参与石油投资项目审核等。 规划司对石油行业战略规划、发展布局、固定资产投资进行归口管理；对石油行业财政资金规模、分领域使用安排建议等。 政策法规司组织起草工业与信息化部对石油行业监管依据的制定工作。
4	国家发改委	固定资产投资司、产业协调司、发展规划司、价格司、经济运行与调节局、价格监督检查与反垄断局、经济体制综合改革司、法规司、产业协调司等	国家发展改革委负责石油行业政策制定、价格管理、固定资产投资、产业协调、反垄断监督检查等相关工作，并对石油行业进行宏观调控。 固定资产投资司全面监测石油行业固定资产投资情况，拟定固定资产投资总额和上下游投资结构；起草提出固定资产投资管理相关法规草案，就深化石油行业投资体制改革研提意见。 产业协调司提出石油行业市场结构的战略性调整、产业协调发展的重要举措，对石油行业发展提供公关指导；结合石油行业发展形势，协调该行业发展过程中出现的重大问题；参与拟定石油价格、行业投融资等重要政策，就石油行业安全战略研提意见等。 发展规划司负责起草编制中国石油行业中长期发展规划，研究石油行业发展过程中的重大问题，预测中国石油行业长期发展趋势；制定合理的机制评估中国石油行业发展问题等。

续表

序号	部门	有关司局	职能简述
4	国家发改委	固定资产投资司、产业协调司、发展规划司、价格司、经济运行与调节局、价格监督检查与反垄断局、经济体制综合改革司、法规司、产业协调司等	价格司分析国内外石油价格走势、提出合适的石油价格政策，采用法律、行政手段调控国内石油市场，保持石油价格稳定；推进石油产品定价机制改革，目前以拟定成品油价格工作为主。 经济运行与调节局承担石油行业保障协调工作职责，掌握石油行业发展态势和市场运行情况，负责石油产销平衡和进出口调节，统筹协调石油行业运行相关工作；负责石油行业重大突发事件的紧急处理与调节；组织建立石油应急储备，监管石油应急储备的保障工作。 价格监督检查与反垄断局负责石油价格监督检查与反垄断工作；组织开展石油行业市场价格监管工作，监督检查石油市场价格状况，并对异常波动情况进行调查；起草文件界定石油行业价格垄断行为和违法行为。 经济体制综合改革司、法规司、产业协调司等也承担了与中国石油行业相关的部分职能，不再一一赘述。
5	国家能源局	法制和体制改革司、发展规划司、能源节约和科技装备司、石油天然气司、市场监管司、国际合作司等	国家能源局负责拟定石油法律法规政策起草工作，拟定石油发展战略规划，制定石油行业改革方案，推进石油行业体制改革；制定石油行业政策与相关标准，审核石油固定资产投资项目；组织石油重大设备研发和重大科研项目，指导石油行业技术推广；负责石油节能和综合利用，进行石油消费总量的监督和指导，保障石油产品供需、产销平衡；拟定并监督实施国家石油储备规划，监测国内外石油市场供求变化，审批或审核石油储备设施项目，监督石油储备设施设备；监管石油行业运行状况，监管油气管网公平开放。 法制和体制改革司组织起草石油发展和监督法律规章，承担石油体制改革相关工作。 发展规划司对石油长期发展战略研提意见，组织拟定石油行业年度计划，参与石油消费总量控制方案。 石油天然气司负责拟定并监督实施石油开发、炼油发展规划相关计划，承担石油体制改革相关工作，负责监督管理石油国家储备工作。 市场监管司负责对油气管网设施的公平开放进行监督监管，处理过程中出现的一系列问题。市场监管司、国际合作司也承担一定的职能。

续表

序号	部门	有关司局	职能简述
6	国家安监总局	监管一司（海油办）、监管三司、职业安全健康监督管理司等	国家安监总局承担监督检查石油行业经营安全，重大事故调查处理与救援等职能。 监管一司依法监督检查除石油炼化和成品油管道以外的石油行业生产经营安全情况、设施设备安全情况；组织大型石油项目安全设计及竣工验收相关工作；承担海上石油安全的监督监管工作；参与石油行业特大事故调查处理、应急救援等工作。 职业安全健康监督管理司监督检查石油行业职业卫生情况，拟定石油作业场所安全标准；负责颁发职业卫生安全许可证；指导职业安全培训相关工作，参与职业安全事故的应急救援工作。 监管三司负责监督检查石油化工单位的安全生产情况，负责颁发石油化工单位的准入许可工作，组织查处不合格石油化工单位。
7	环保部	政策法规司、科技标准司、环境监测司、环境影响评价司、污染防治司、环境监察局等	环保部负责制定石油行业环境保护规划、起草石油行业环境保护制度，制定各类环境保护标准和技术规范；负责落实国家减排目标责任。 政策法规司负责健全环境保护相关法规政策，拟定相关法规政策的总方针、宏观战略。 科技标准司拟定石油行业环境保护标准，组织出台石油行业环境保护技术规范。 环境监测司拟定石油行业主要污染物排放的总量控制，负责办法石油行业排污许可证；负责监督实施石油行业环保责任落实情况。 环境影响评价司、污染防治司和环境监察局分别承担石油行业相关工作。

注：作者根据各部委在线资料整理。

参考文献

[1] 白媛. 开放经济条件下我国石化工业全要素生产率的增长机制分析[D]. 南京大学, 2012.

[2] 陈富良. 我国经济转轨时期的政府规制[M]. 中国财政经济出版社, 2000.

[3] 陈富良, 王光新. 政府规制中的多重委托代理与道德风险[J]. 财贸经济, 2004 (12): 35-39.

[4] 陈惠芬, 邓雪莲. 我国石油市场集中度及原因分析[J]. 产业与科技论坛, 2014, 13 (6).

[5] 陈丽萍. 美国煤炭资源立法概览[J]. 国土资源情报, 2007 (4): 5-8.

[6] 陈立滇. 美国外大陆架油气资源的开发——降低美国石油对外依存、缓解能源供应紧张, 美国应积极开发外大陆架的油气资源[J]. 世界石油工业, 2009 (4): 23-25.

[7] 陈清. 石油企业跨国并购目标企业的选择[J]. 石油化工管理干部学院学报, 2007 (1): 47-49.

[8] 陈薇. 我国石油行业市场化任重道远——浅析现行石油行业管理体制[J]. 国际石油经济, 2007, 15 (2): 22-27.

[9] 陈秀山. 现代竞争理论与竞争政策[M]. 商务印书馆, 1997.

[10] 代锐. 我国电信市场有效竞争的理论与实证研究[D]. 北京邮电大学, 2010.

[11] 邓泽英. 向柴油机污染开战 美国颁布新的柴油排放标准[J]. 汽车与社会, 2001 (8).

[12] 丁启军, 伊淑彪. 中国行政垄断行业效率损失研究[J]. 山西财经大学学报, 2009, 30 (12): 42-47.

[13] 董国永, 李厚国, 解春贵, 等. 开展国际交流推进石油企业HSE工作的开展和实施——CNPC赴挪威参加健康安全环境国际会议的考察报告 (摘编) [J]. 油气田环境保护, 2000, 10 (3): 4-6.

[14] 范剑勇, 冯猛, 李方文. 产业集聚与企业全要素生产率[J]. 世界经济, 2014, (05): 51-73.

[15] 高桂华, 聂晶磊, 孙强, 等. 美国《有毒物质控制法》的修订进展和启示[J]. 化工环保, 2010, 30 (6): 505-508.

[16] 高建, 董秀成. 我国上游市场壁垒分析与对策研究[J]. 中国国土资源经济, 2007, 20 (12): 18-20.

[17] 高世星. 挪威石油税收体制及其对我们的启示[J]. 国际石油经济, 1994 (5): 41-44.

[18] 国家发改委宏观经济研究院信息中心课题组. 2003年中国宏观经济大事辑要 (上) [J]. 经济研究参考, 2004 (33).

[19] 龚腊芬. 保护我们的环境: 美国石油、天然气工业的环境、卫生和安全报告[J]. 安全、环境和健康, 2001 (10): 11-13.

[20] 宦国渝, 孙剑. 美国联邦政府在油气行业中的职能——兼论构建中国油气行业监管体系[J]. 国际石油经济, 2002, 10 (2): 22-25.

[21] 何维庄, 徐碧萱. 美国环境保护局《石油炼制排水准则及标准》[J]. 炼油工业环境保护, 1983 (2).

[22] 胡德斌. 美国联邦政府石油天然气管理简介[J]. 中国地质, 1999 (12): 38-41.

[23] 胡永泰. 中国全要素生产率: 来自农业部门劳动力再配置的首要作用[J]. 经济研究, 1998, (3): 31-39.

[24] 胡琰琰. 我国石油行业寡头垄断与政府规制的完善[J]. 西安石油大学学报: 社会科学版, 2013, 22 (3): 6-11.

[25] 黄力. 中国石油行业现存主要问题及对策研究[D]. 中国地质大

学（北京），2010.

[26] 黄丽敏. 美国加州空气资源局公布测定燃料生命周期排放的新版本 2.0 版 [J]. 石油炼制与化工, 2015 (9): 88-88.

[27] 黄丽敏. CARB 批准 EPA2017-2025 年新车 CO_2 排放标准 [J]. 石油炼制与化工, 2013 (3): 31-31.

[28] 黄衔鸣, 蓝志勇. 美国清洁空气法案: 历史回顾与经验借鉴 [J]. 中国行政管理, 2015 (10).

[29] 金煜, 陈钊, 陆铭. 中国的地区工业集聚: 经济地理、新经济地理与经济政策 [J]. 经济研究, 2006 (4): 79-89.

[30] 李德强. 影响我国石油能源产业发展的深层次因素探析: 有效竞争与行政垄断 [J]. 金融经济, 2012 (2): 7-8.

[31] 李丽红. 基于 SCP 框架分析的我国石油产业规制研究 [C]. 中国能源战略国际论坛. 2007.

[32] 李静. 中外寡头博弈加油站 [J]. 中国外资, 2004 (9): 42-44.

[33] 李静, 雷国勇, 刘东丰. 石油钻井企业市场竞争力探讨 [J]. 石油地质与工程, 2004, 18 (3): 78-80.

[34] 李男, 孟磊. 我国矿产资源权利金制度构建研究——谈美国矿产资源权利金制度对我国的启发与借鉴 [J]. 经济师, 2008 (12): 108-109.

[35] 李晓东. 阿根廷天然气行业的改革 [J]. 国际石油经济, 2001 (4): 27-30.

[36] 李亚楠. 成品油零售价格规制对石油产业经济影响实证研究 [D]. 东北财经大学, 2011.

[37] 李忠民, 孙耀华. 基于 SCP 范式的中国石油产业分析 [J]. 兰州商学院学报, 2011, 27 (1): 53-58.

[38] 李治国, 郭景刚, 周德田. 中国石油产业行政垄断及其绩效的实证研究 [J]. 当代财经, 2012 (6): 89-101.

[39] 梁波. 中国石油产业发展范式变迁的组织社会学分析 (1988-2008) [D]. 上海大学, 2010.

[40] 林卫斌, 方敏. 能源管理体制比较与研究 (能源管理研究丛书) [M]. 商务印书馆, 2013.

[41] 刘剑平. EPA 建议更严格的汽油含硫法规 [J]. 石油化工环境保护, 2000 (4).

[42] 刘毅. 我国化石能源加工业全要素生产率实证研究 [D]. 南华大学, 2013.

[43] 卢爱珠, 王震. 挪威石油工业的组织管理及其对我们的启示 [J]. 国际石油经济, 1994 (6): 31-34.

[44] 罗兰·普里德尔. 美国和加拿大石油天然气行业监管体制简介 [J]. 国际石油经济, 2001 (2): 21-22.

[45] 马歇尔. 经济学原理 (经典通读) [M]. 商务印书馆, 2007.

[46] 庞博, 范爱军. 我国成品油行业反行政垄断与促进竞争问题研究 [J]. 当代财经, 2008 (10): 75-78.

[47] 钱伯章 (摘译). 美国环保局制定汽油含苯限值 [J]. 石油化工环境保, 2006 (2): 14.

[48] 钱利. 基于马克思主义理论的石油企业行政垄断研究 [D]. 西南石油大学, 2014.

[49] 邱建国. 国内成品油零售企业发展思考 [J]. 化工管理, 2005 (7): 30-32.

[50] 孙少光. 挪威政府对石油企业的 HSE 管理 [J]. 安全、健康和环境, 2006 (5): 10-11.

[51] 唐东博. 试论石油行业的行政垄断及其破除 [J]. 知识经济, 2013 (17): 106.

[52] 田春荣. 2002 年中国石油进出口状况分析 [J]. 国际石油经济, 2003, 11 (3): 24-30.

[53] 田子方, 刘珊. 关于国有企业行政垄断的几点思考——以石油行业为例 [J]. 企业研究, 2013 (20): 13-14.

[54] 王北星. 美国的能源战略及其启示 [J]. 中外能源, 2010, 15 (6): 12-17.

[55] 王冠. 行政垄断对中国石油产业结构的影响分析 [D]. 山东大学, 2008.

[56] 王谧. 挪威石油理事会 [J]. 世界石油工业, 2007: 74-76.

[57] 王娜. 行业集中度测算与进入壁垒 [D]. 山东大学, 2012.

[58] 王维嘉, 刘中成. 中国石油产业结构与绩效研究 [J]. 沿海企业与科技, 2008 (4): 94-100.

[59] 王孝莹, 张丰智. 石油产业垄断性质分析 [J]. 山东社会科学, 2010 (2): 94-98.

[60] 王俊豪, 穆秀珍. 中国石油产业市场结构重组与分类管制政策 [J]. 财贸经济, 2015 (5): 121-131.

[61] 王俊豪. 现代产业组织理论与政策 [M]. 中国经济出版社, 2000.

[62] 王俊豪. 论有效竞争 [J]. 中南财经大学学报, 1995 (5): 57-61.

[63] 王俊豪, 王建明. 中国垄断性产业的行政垄断及其管制政策 [J]. 中国工业经济, 2007 (12): 30-37.

[64] 王俊豪. 区域间比较竞争理论及其应用 [J]. 数量经济技术经济研究, 1999 (1): 53-55.

[65] 王俊豪. 政府管制经济学导论 [M]. 商务印书馆, 2001.

[66] 王小鲁. 中国经济增长的可持续性 [M]. 经济科学出版社, 2000.

[67] 王越, 邱海峻, 孟刚. 挪威石油工业、能源发展战略及启示 [J]. 中国国土资源经济, 2009, 22 (2): 34-36.

[68] 魏静, 孙慧. 中国石油企业全要素生产量变动及收敛性研究 [J]. 工业技术经济, 2015 (11).

[69] 习文静. 中国石油产业市场结构的发展趋势分析 [J]. 山西财经大学学报, 2007, 29 (6): 43-47.

[70] 习树江. 影响我国石油能源产业发展的深层次因素探悉: 有效竞争与行政垄断 [J]. 特区经济, 2009 (11): 255-256.

[71] 徐健, 王向梅. 中国石油行业 SCP 分析 [J]. 石油地质与工程, 2006, 20 (5): 95-97.

[72] 许建耘. 美国加州考虑修正低碳燃料标准 (LCFS) [J]. 石油炼制与化, 2015 (11): 29.

[73] 亚当·斯密. 国富论 (上下) [M]. 上海三联, 2009.

[74] 杨嵘. 中国石油产业市场结构优化研究 [J]. 财经研究, 2002, 28 (4): 50-57.

[75] 杨嵘. 石油产业的性质和技术经济特点 [J]. 石油地质与工程, 2003, 17 (4): 66-67.

[76] 杨嵘. 石油产业政府规制改革的国际借鉴 [J]. 生产力研究, 2004 (10): 107-110.

[77] 杨嵘. 美国能源政府规制的经验及借鉴 [J]. 中国石油大学学报: 社会科学版, 2011, 27 (1): 1-6.

[78] 冶晓娜. 中国石油产业市场结构和政府规制改革研究 [D]. 厦门大学, 2006.

[79] 余东华. 地区行政垄断、产业受保护程度与产业效率——以转型时期中国制造业为例 [J]. 南开经济研究, 2008 (4): 86-96.

[80] 杨泽伟.《2009年美国清洁能源与安全法》及其对中国的启示 [J]. 中国石油大学学报: 社会科学版, 2010, 26 (1): 1-6.

[81] 于立, 肖兴志. 规制理论发展综述 [J]. 财经问题研究, 2001 (1): 17-24.

[82] 于良春. 自然垄断与政府规制 [M]. 经济科学出版社, 2003.

[83] 于良春, 张伟. 中国行业性行政垄断的强度与效率损失研究 [J]. 经济研究, 2010 (3): 16-27.

[84] 于良春, 丁启军. 自然垄断产业进入规制的成本收益分析——以中国电信业为例的实证研究 [J]. 中国工业经济, 2007 (1).

[85] 余晓钟, 刘鸿渊, 王军. 油气产业寡头垄断经营效率研究 [J]. 经济体制改革, 2009 (6): 71-75.

[86] 杨艳玲. 我国自然垄断行业——石油行业的研究 [J]. 企业导报, 2010 (4): 110-111.

[87] 张丰智. 中国石油行业行政垄断问题研究 [D]. 山东大学, 2010.

[88] 张军, 吴桂英, 张吉鹏. 中国省际物质资本存量估算: 1952-2000 [J]. 经济研究, 2004 (10): 35-44.

[89] 张腾. 我国石油寡头应引入前瞻型环境战略——基于SCP分析 [J]. 吉林广播电视大学学报, 2013 (2): 29-30.

[90] 张维迎. 从现代企业理论看国有企业改革 [J]. 改革, 1995 (1): 30-33.

[91] 张雄化. 论我国石油石化行业的政府规制 [D]. 四川大学, 2012.

[92] 张志强. 美国资源管理体制研究 [J]. 经济研究参考, 2010 (26): 34-42.

[93] 钟世川. 技术进步偏向与中国工业行业全要素生产率增长 [J]. 经济学家, 2014 (7): 46-54.

[94] 赵德贵. 2004年美国天然气管道发展及其展望——2004年底, 全美天然气输送管网中干线管道200多条, 跨州的干线管道107条, 州内干线管道90多条, 总长度超过47.8万千米 [J]. 世界石油工业, 2005 (5): 60-65.

[95] 赵瑞. 欧盟控制有毒有害物质的立法经验及其借鉴 [D]. 山东科技大学, 2009.

[96] 郑晓理, 鲍庆, 关昊. 中国制造业能源需求替代弹性的动态估计 [J]. 能源技术经济, 2012, 24 (4): 33-38.

[97] 郑燕. 中国石油行业的政府规制改革 [D]. 四川大学, 2007.

[98] 植草益. 微观规制经济学 [M]. 中国发展出版社, 1992.

[99] 朱琳. 自然垄断行业监管模式研究: 以石油行业垄断为视角 [D]. 西南大学, 2013.

[100] 诸文娟, 刘宏伟. 中国石油行业产业结构分析 [J]. 资源与产业, 2006 (5): 79-82.

[101] 中国石油的天然气可持续发展战略研究项目考察团. 赴北美天然气考察调研报告 [J]. 世界石油工业, 2010 (1): 51-57.

[102] 于良春, 张伟. 中国行业性行政垄断的强度与效率损失研究 [J]. 经济研究, 2010, 45 (3): 16-27+39.

[103] 杨嵘. 中国石油产业市场结构优化研究 [J]. 财经研究, 2002 (4): 50-57.

[104] 王俊豪, 穆秀珍. 中国石油产业市场结构重组与分类管制政策 [J]. 财贸经济, 2015 (5): 121-131.

[105] 潘宁. 国际石油价格形成机制分析与中国石油定价模式研究 [D]. 复旦大学, 2011.

[106] 穆秀珍. 中国石油行业结构重组及规制体系改革 [D]. 东北财经大学, 2016.

[107] 严绪朝, 俞志华, 丛强. 对石油产业寡头垄断与市场竞争的深入思考 [J]. 国际石油经济, 2014, 22 (4): 1-8+108.

[108] 于良春, 张伟. 中国行业性行政垄断的强度与效率损失研究 [J]. 经济研究, 2010, 45 (3): 16-27+39.

[109] 梁波, 王海英. "权力游戏": 产业变迁中的微观政治——以中国石油产业市场参与格局变迁为例 [J]. 管理世界, 2013, (7): 80-93.

[110] 霍健. 基于SCP范式的"后石油时代"石油产业组织演进研究 [D]. 中国社会科学院研究生院, 2017.

[111] 辛民昌. 基于SECP分析的石油服务产业绩效研究 [D]. 东北石油大学, 2016.

[112] Adams H. C. Relation of the State to Industrial Action [J]. Science, 1954, 1 (6): 7-85.

[113] Adelman M. A. Effective Competition and the Antitrust Laws [J]. Harv. l. rev, 1948, 61 (8): 1289-1350.

[114] Ambituuni A., Amezaga J., Emeseh E. Analysis of Safety and Environmental Regulations for Downstream Petroleum Industry Operations in Nigeria: Problems and Prospects [J]. Environmental Development, 2014, 9: 43-60.

[115] Bain J. S. Price theory [M]. Wiley, 1966.

[116] Baumol W. J., Willig R. D. Weak Invisible Hand Theorems on the Sustainability of Multiproduct Natural Monopoly [J]. American Economic Review, 1977, 67 (3): 350-65.

[117] Bello A., Cavero S. The Spanish retail petroleum market: New patterns of competition since the liberalization of the industry [J]. Energy Policy, 2008, 36 (2): 612-626.

[118] Bello A., Huerta E. Regulation and market power in the Spanish liquefied petroleum gas industry: Progress or failure? [J]. Energy Policy, 2007, 35 (7): 3595-3605.

[119] BP. BP Statistical Review of world energy. 2014.

[120] Bridgman B., Gomes V., Teixeira A. Threatening to Increase Productivity: Evidence from Brazil's Oil Industry [J]. World Development, 2011, 39

(8): 1372 – 1385.

[121] Caves D. W., Diewert W. E. The Economic Theory of Index Numbers and the Measurement of Input, Output, and Productivity [J]. Econometrica, 1982, 50 (6): 1393 – 1414.

[122] Chamberlin E. H. Monopoly and Competition and Their Regulation [J]. Economica, 1950, 6 (4).

[123] Chuchman G. Oil is not a Curse: Ownership Structure and Institutions in Soviet Successor State [J]. Canadian Slavonic Papers, 2012, 90 (2): 3.

[124] Clark J. M. Toward a Concept of Workable Competition [J]. American Economic Review, 1940, 30 (2): 241 – 256.

[125] Clark J. M. Competition As a Dynamic Process [M]. Washington: Brookings Institution, 1961.

[126] Clarkson K. W., Miller L. R. Industrial organization: theory, evidence, and public policy [M]. McGraw – Hill, 1982.

[127] Edwards C. D. Maintaining Competition: Requisites of a Governmental Policy [J]. New York: McGraw-Hill, 1949: 9 – 10.

[128] EIA. Refinery Capacity Report. www.eia.gov/petroleum/refinerycapacity, 2014.

[129] EIA. Countries Analysis-Norway. www.eia.gov/countries/analysis-briefs/Norway. 2014.

[130] Ely, Theodore R. Outlines of economics [M]. MacMillan, 1916.

[131] Energy Policies of IEA Countries-Norway 2011 Review. www.iea.org. 2011.

[132] Eshelman L. J. Ludwig von Mises on principle [J]. Review of Austrian Economics, 1993, 6 (2): 3 – 41.

[133] Eugene F. Fama. Efficient Capital Markets: A Review of Theory and Empirical Work [J]. Journal of Finance, 1970, 25 (2): 383 – 417.

[134] Färe R., Zhang Z. Productivity Growth, Technical Progress, and Efficiency Change in Industrialized Countries [J]. American Economic Review, 1994, 84 (1): 66 – 83.

[135] Farrer T. H. The State in Its Relation to Trade [M]. London: Macmillan, 1902.

[136] Federal Trade Commission. The petroleum Industry: Mergers, Structural change, and Antitrust Enforcement [R]. FTC Staff Study, 2004.

[137] Greenhut M. L., Norman G., Hung C. S. The Economics of Imperfect Competition [M]. Cambridge University Press, 1987.

[138] Guo Y., Hu A. The administrative monopoly in China's economic transition [J]. Communist and Post-Communist Studies, 2004, 37 (2): 265 – 280.

[139] Guriev S., Kolotilin A., Sonin K. Determinants of Expropriation in the Oil Sector: A Theory and Evidence from Panel Data [J]. Journal of Law Economics & Organization, 2007, 27 (w0115): 301 – 323.

[140] Hart N. Marshall's Dilemma: Equilibrium versus Evolution [J]. Journal of Economic, 2003, 37 (4): 1139 – 1160.

[141] Hayek F. A. The Use of Knowledge in Society [J]. American Economic Review, 1945, 35 (4): 519 – 530.

[142] Kirzner I. M. Competition and Entrepreneurship [J]. Social Science Electronic Publishing, 1973.

[143] Lipsey R. G., Steiner P. O., Purvis D. D. Economics – 8th ed. [M]. Harper & Row, Pab Lishers, 1987 (23): 55 – 80.

[144] Luong P. J. Response to Miriam R. Lowi's review of Oil is Not a Curse: Ownership Structure and Institutions in Soviet Successor States [J]. Perspective on Politics, 2013, 11 (2): 595 – 596.

[145] Mahdavi P. Why do leaders nationalize the oil industry? The politics of resource expropriation [J]. Energy Policy, 2014, 75: 228 – 243.

[146] Malmquist S. Index numbers and indifference surfaces [J]. Trabajos De Estadistica, 1953, 4 (2): 209 – 242.

[147] Markham J. W. An Alternative Approach to the Concept of Workable Competition [J]. American Economic Review, 1950, 40 (3): 349 – 361.

[148] Megginson W. L., Nash R. C., Netter J. M., et al. The Choice of Private versus Public Capital Markets: Evidence from Privatizations [J]. Social

Science Electronic Publishing, 2001, 59 (6): 2835 – 2870.

[149] Mill J. S., Bladen V. W., Robson J. M. The Principles of Political Economy with some of their applications to social philosophy [M] // Principles of Political Economy: With Some of Their Applications to Social Philosophy-Vol. 1. Colonial Press, 1902.

[150] NACS. 2014 Retail Fuels Report [R/OL]. www.nacsonline.com, 2014.

[151] Office. U S G A. Oil and Gas: Interior Has Begun to Address Hiring and Retention Challenges but Needs to Do More [J]. Government Accountability Office Reports, 2014.

[152] Panzar J. C., Rosse J. N. Testing for "Monopoly" Equilibrium. [J]. Journal of Industrial Economics, 1987, 35 (4): 443 – 456.

[153] Perkins D. H. Reforming China's Economic System [J]. Journal of Economic Literature, 1988, 26 (2): 601 – 45.

[154] Samuelson P. Economics: the Original 1948 Edition [M]. Irwin/McGraw – Hill. 1997.

[155] Samuelson P. A., Mcgraw H. W., Nordhaus W. D., et al. Samuelson's [J]. Journal of Economic Education, 1999, 30 (4): 352 – 363.

[156] Schlee E. E. Marshall, Jevons, and the Development of the Expected Utility Hypothesis [J]. History of Political Economy, 1992, 24 (3): 729 – 744.

[157] Sezer C., Ö. Gülmen, Güdür N. Privatization and Nationalization Cycles [J]. Social Science Electronic Publishing, 2009, 30 (6): 571 – 582.

[158] Sharkey W. W. The Theory of Natural Monopoly [J]. Cambridge Books, 1983, 3 (3).

[159] Shephard, Ronald W. Theory of cost and production functions [M]. Princeton University Press, 1970.

[160] Sosnick S. H. A Critique of Concepts of Workable Competition [J]. Quarterly Journal of Economics, 1958, 72 (72): 380 – 423.

[161] Spulber D. Regulation and Markets, vol 1 [M]. The MIT Press, 1989.

[162] Stiglitz J. E., Peltzman S. Technological Change, Sunk Costs, and Competition [J]. Brookings Papers on Economic Activity, 1987, 18 (3):

883 – 947.

［163］Stigler G. J. The Extent and Bases of Monopoly ［J］. American Economic Review, 1942, 32 (2): 1 – 22.

［164］Stigler G. J. The Theory of Economic Regulation ［J］. Bell Journal of Economics & Management Science, 1971, 2 (2): 3 – 21.

［165］Stigler G. J. The Organization of Industry ［J］. Journal of Finance, 1969, 40.

［166］Wang Y., Yao Y. Sources of China's economic growth 1952 – 1999: incorporating human capital accumulation ［J］. China Economic Review, 2003, 14 (02): 32 – 52.

［167］Watkins M. W., Hoover E. M. Price and Production Policies of Large-Scale Enterprise ［J］. American Economic Review, 1939: 61 – 74.

［168］Victor D. G. National Oil Companies and the Future of the Oil Industry ［J］. Annual Review of Resource Economics, 2012, 5 (1): 445 – 462.